AF267863

# PROCÈS EN DIFFAMATION

## PLAIDOIRIE DE M<sup>E</sup> GATINEAU

POUR

**M. Pierre ALYPE**, Député

PARIS

IMPRIMERIE WATTIER & C<sup>ie</sup>

4, RUE DES DÉCHARGEURS, 4

—

1884

# PROCÈS EN DIFFAMATION

# PLAIDOIRIE DE M<sup>e</sup> GATINEAU

POUR

## M. Pierre ALYPE, Député

PARIS

IMPRIMERIE WATTIER & C<sup>ie</sup>

4, RUE DES DÉCHARGEURS, 4

—

1884

# PRÉFACE

*RAPPORT fait au nom de la Commission parlementaire (1) chargée d'examiner la demande en autorisation de poursuites contre un député, par M. GOMOT, député.*

Messieurs,

Vous avez à statuer sur une demande en autorisation de poursuites formée par M. Drouhet, gouverneur des établissemeuts français de l'Inde, contre M. Pierre Alype, député.

Aux termes d'une requête adressée au Président de la Cour d'Assises, l'honorable M. Alype, aurait diffamé le plaignant soit par la voie de la presse, soit par des propos publiquement proférés, « *notamment dans les couloirs de la Chambre des Députés et dans les bureaux de certains journaux de Paris.* »

Sur cette requête, le Président des Assises de la [Seine, par ordonnance du 9 mai, a fixé au 12 juin 1882 la comparution de notre collègue devant le jury.

Le 11 mai, M. Drouhet, pour régulariser sa procédure, vous a demandé l'autorisation de poursuivre M. Alype qui était couvert pendant le cours de la session par sa qualité de membre du parlement.

La commission estime qu'il n'y a pas lieu d'accueillir favorablement cette demande.

L'immunité parlementaire a été proclamée dans l'article 14 de la loi du 16 juillet 1875 sur les rapports des pouvoirs publics ·

« Aucun membre de l'une ou de l'autre Chambre, y est-il dit, ne peut, pendant la durée de la session, être poursuivi ou arrêté en matière criminelle ou correctionnelle qu'avec l'autorisation de la Chambre dont il fait partie, sauf le cas de flagrant délit. »

Cette prérogative n'a pas été instituée dans un intérêt personnel. Elle a pour but de sauvegarder l'indépendance d'un grand corps politique et d'assurer à chaque collège électoral sa représentation constante dans les conseils de la nation.

Le Député est une fraction du Parlement. A ce titre, on comprend que dans un intérêt public il échappe momentanément à la loi commune. Souvent, en effet, il importe à une Chambre, à son intégrité, à sa dignité, que l'œuvre de la justice soit suspendue et qu'on ne vienne pas arbitrairement enlever aux travaux législatifs un certain nombre de ses membres. Une pareille tactique pourrait, dans des temps troublés, permettre de porter une grave atteinte à une minorité et même à une majorité. Voilà pourquoi les traditions constitutionnelles ont toujours maintenu l'immunité parlementaire.

Toutefois cette immunité a deux correctifs. — Elle est essentiellement provisoire, puisqu'elle prend fin avec chaque session. — Elle peut disparaître sous une décision de la Chambre.

---

(1) Cette Commission est composée de MM. Rameau, *président* ; Benoist, *secrétaire*, Gomot, *rapporteur* ; Rey, Rivière, Sarlat, Deluns-Montaud, Charles Ferry, Granet, Mercier, Bartoli.

Nos devanciers ont eu à se prononcer plusieurs fois sur des demandes en autorisation de poursuites. De l'étude des précédents il résulte que les assemblées législatives n'ont renoncé au privilège qui les couvre que dans des circonstances exceptionnelles. Pour être prise en considération, la demande doit porter sur des faits graves, elle doit entraîner l'obligation d'une répression immédiate. La gravité, l'urgence, tels sont les deux caractères devant lesquels peut fléchir le principe maintenu dans l'article 14 de la loi du 16 juillet 1875.

Nous avons été unanimes à penser que l'examen des griefs formulés dans la plainte ne nous appartenait pas. Ce n'est pas à nous de rechercher si les écrits portent atteinte à l'honneur du plaignant, si, au point de vue de l'intention et de la publicité, les propos mis en preuve renferment les éléments du délit de diffamation. Ce genre d'investigation aurait l'inconvénient, grave entre tous, de confondre deux pouvoirs qui doivent toujours rester séparés.

Ce qu'il nous est permis de constater, c'est qu'il s'agit dans l'espèce de faits qui n'intéressent en rien l'ordre public. On n'argue pas de constatations à faire, de mesures conservatoires à prendre, de preuves que le temps peut faire disparaître. Les actes incriminés se rapportent pour la plupart aux années 1869 et 1873, ils ont trait à une situation qui, en partie déjà, a été appréciée soit par la presse, soit par les tribunaux. Enfin, la preuve mise à la charge du demandeur pourra être administrée aussi facilement à la fin de la session qu'aujourd'hui et l'on a peine à comprendre qu'elle puisse perdre de sa force à être retardée d'un mois ou deux.

Le plaignant, dans une lettre adressée à la Commission, fait remarquer que l'honorable M. Alype n'est pas seul en cause : deux autres prévenus sont cités conjointement avec lui pour le 12 juin, et l'affaire, dit-il, peut se présenter incomplète devant le jury. Cette objection ne saurait nous toucher, car il appartient à la Cour d'assises de retenir l'affaire en l'état ou de la renvoyer à une autre session.

Enfin, Messieurs, votre Commission s'est préoccupée de savoir si le rejet de la demande ne compromettrait pas sur certains points les intérêts de M. Drouhet en faisant courir contre lui la prescription.

Il est généralement admis que les empêchements de droit à l'exercice de l'action arrêtent la prescription criminelle, comme la prescription civile.

En effet, lorsqu'un plaignant nous demande de poursuivre un de nos collègues, il fait tout ce qu'il peut faire et tout ce qu'il doit faire. Si l'action est paralysée dans ses mains par une décision parlementaire contre laquelle il n'a aucun moyen de recours, ne se trouve-t-il pas sous le coup d'une force majeure qui maintient son droit et le tient en suspens ?

Après avoir examiné les différentes questions qui viennent d'être sommairement indiquées, la Commission a été unanime à proposer à la Chambre le projet de résolution ci-après :

## PROJET DE RÉSOLUTION.

### ARTICLE UNIQUE.

La Chambre n'autorise pas la demande de poursuites formée par M. Drouhet.

*Séance publique du* 13 *juin* 1882.

Discussion de la demande en autorisation de poursuites contre M. Pierre Alype.

*M. le président.* — La parole est à M. Gomot pour demander une très légère modification dans l'ordre du jour.

*M. Gomot.* — Messieurs, le 8 de ce mois, j'ai eu l'honneur de déposer un rapport, au nom de la commission chargée d'examiner une demande en autorisation de poursuites formulée par M. Drouhet contre notre honorable collègue, M. Pierre Alype.

Comme une demande de ce genre a toujours un caractère d'urgence, je viens demander à la Chambre de vouloir bien la discuter immédiatement. (Oui! oui! — très bien!)

*M. le président.* — La Chambre a entendu la proposition de M. Gomot.

Il n'y a pas d'opposition?... (Non! non!)

La discussion est ouverte sur la demande en autorisation de poursuites contre un député.

Personne ne demande la parole?...

Je donne lecture du projet de résolution de la commission.

«*Article unique.* — La Chambre n'autorise pas la demande de poursuites formée « par M. Drouhet. »

Il a été déposé une demande de scrutin.

*De divers côtés.* — La demande de scrutin est inutile! — Personne ne combat les conclusions de la commission!

*Plusieurs membres.* — Elle est retirée.

*M. le président.* — La demande de scrutin étant retirée, je mets aux voix le projet de résolution de la commission.

(Le projet de résolution de la commission est mis aux voix et adopté.)

## ARRÊT DE LA COUR DE CASSATION

*A l'audience publique de la chambre criminelle de la Cour de cassation, tenue au Palais de justice à Paris, le cinq août mil huit cent quatre-vingt-deux :*

Sur le pourvoi de Théodore Drouhet, gouverneur de l'Inde, partie civile, en cassation d'un arrêt rendu le douze juin dernier, par la Cour d'assises de la Seine, qui a déclaré nulle la poursuite exercée contre Pierre Alype, député, *est survenu l'arrêt suivant :*

La Cour, ouï Monsieur le conseiller Sevestre en son rapport, Maître Sauvel, avocat en la Cour, en ses observations à l'appui du pourvoi, et Monsieur Ronjat, avocat-général, en ses conclusions ;

Sur le moyen du pourvoi, tiré de la fausse application de l'article quatorze de la Constitution du seize juillet mil huit cent soixante-quinze et de la violation de l'article mille trente du Code de procédure civile, en ce que l'arrêt attaqué, en annulant la citation en Cour d'assises donnée par Drouhet à Pierre Alype, député, pour délit de diffamation, a prononce une nullité non prévue par la loi.

Attendu qu'aux termes de l'article quatorze de la Constitution du seize juillet mil huit cent soixante-quinze, aucun membre de l'une ou de l'autre Chambre ne peut, pendant la durée de la session, être poursuivi ou arrêté en matière criminelle ou correctionnelle qu'avec l'autorisation de la Chambre dont il fait partie. sauf le cas de flagrant délit ; qu'il suit de là, que cette autorisation est la base nécessaire et légale de toute poursuite exercée, au cours d'une session, contre un membre du Parlement, et que tout acte de poursuite fait sans cette autorisation est frappé de nullité ;

Attendu que la citation qui saisit la juridiction criminelle ou la juridiction correctionnelle, est un acte de poursuite ; que, dans l'espèce, cette citation avait été donnée à Pierre Alype, député, au cours de la session, sans autorisation préalable de la Chambre dont il fait partie ; que, dès lors, l'arrêt attaqué en prononçant la nullité de ladite citation, loin de violer l'article quatorze de la Constitution du seize juillet mil huit cent soixante-quinze, en a fait, au contraire, une exacte et juste application ;

Attendu que le principe posé par l'article mille trente du code de procédure civile ne saurait être utilement invoqué à l'appui du pourvoi, la nullité de la citation ayant été prononcée par l'arrêt attaqué, non à raison d'un vice dans la rédaction de cet acte, mais parce qu'il n'avait pas été précédé de l'autorisation prescrite par l'article quatorze sus-visé de la Constitution du seize juillet milhuit cent soixante-quinze.

Par ces motifs : Rejette le pourvoi formé par Drouhet, partie civile, contre l'arrêt de la Cour d'assises de la Seine, en date du douze juin dernier, le condamne a l'amende et aux dépens de son pourvoi.

---

Deux jours après ce débat à la Chambre, une demandé en autorisation de poursuites était formulée contre un autre député, M. Marius Chavanne, et le rapporteur de la commission, M. Emmanuel Arène, concluait en ces termes :

« Votre commission a même cru pouvoir s'autoriser de la coïncidence et de l'analogie de cette demande avec celle que la Chambre a repoussée il y a deux jours pour exprimer que le principe de l'immunité parlementaire ne soit pas mieux compris de ceux-là même dont il protège les droits.

« C'est, en effet, bien moins pour la sauvegarde personnelle du député que ce principe a été inscrit dans la Constitution que dans l'intérêt même du corps électoral auquel il a garanti que ses élus ne se  trouveront pas à la merci de rancunes où de vengeances particulières, et mis ainsi parfois dans l'impossibilité de remplir momentanément, le mandat qui leur a été confié.

« L'immunité parlementaire ne doit être suspendue que dans des cas exceptionnels, où l'ordre public est engagé, où l'intérêt général peut être invoqué. Dans tous les autres cas, et alors surtout qu'elle prend fin avec chaque session, elle doit être rigoureusement maintenue. Nous espérons que l'unanimité avec laquelle la Chambre a repoussé une demande antérieure, et celle avec laquelle elle repoussera, nous n'en doutons pas, la demande actuelle, seront, à cet égard, un salutaire enseignement.

« Nous avons l'honneur en conséquence de vous proposer le projet de résolution suivant :

### PROJET DE RÉSOLUTION

#### Article unique

« La Chambre repousse la demande en autorisation de poursuites formée par M. Vincent Deville. »

---

Après l'avis de la commission parlementaire repoussant la demande en autorisation de poursuites de M. Drouhet ; après le vote conforme émis en séance publique par la Chambre des députés ; après l'arrêt de la Cour d'assises en date du 12 juin 1882, annulant la citation de M. Drouhet ; après l'arrêt de la Cour de cassation, en date du 5 août 1882, confirmant l'arrêt de la Cour d'assises, M. Pierre Alype pouvait se dispenser de répondre à la nouvelle citation de M. Drouhet.

Néanmoins, il a répondu à son appel ; il a voulu faire la preuve des faits qu'il avait avancés, et cette preuve il l'a faite d'une façon éclatante, ainsi que l'établissent les pièces authentiques, officielles, produites par Mᵉ Gatineau, au cours de sa remarquable plaidoirie.

Au cours du procès, l'avocat général M. Villetard de Laguérie a mis tout son zèle et toute son énergie a démontrer que le jugement de 1873 qui atteint si cruellement M. Drouhet n'était pas définitif, que M. Drouhet était en appel, etc. Il a dit notamment ceci : « Ce n'est pas que le jugement soit resté debout : non, il est frappé d'appel, mais il n'a pas été réformé. Tout est remis en question, l'appel est toujours debout puisqu'il n'a pas été apuré, et *il n'est pas périmé*.

« Toujours est-il que M. Berlet a été frappé de cette situation, comme l'auraient été tous les lecteurs, dans un café ou dans la rue ; après la lecture de l'article de M. Alype, tous eussent dit : M. Drouhet *est un affreux malhonnête homme* : Tous eussent éprouvé le même sentiment alors qu'on ne leur disait pas que le jugement qu'on leur faisait lire était frappé *d'appel*, *qu'il n'était pas définitif*, qu'il *pouvait être contredit, discuté*, et que M. Drouhet pouvait être déclaré non coupable. » (Pages 223 et 228 du compte rendu des débats publié par M. Drouhet lui-même).

Or, la thèse singulière soutenue par M. l'avocat général, pour les besoins de sa cause, vient de recevoir un solennel démenti.

En effet, M. Drouhet après dix ans d'attente volontaire, s'est présenté le 11 septembre dernier devant la Cour de la Réunion pour faire juger son appel, et la Cour a rendu un arrêt par lequel elle déclare que l'*action de M. Drouhet est irrévocablement éteinte.*

Donc le jugement de 1873 est devenu aujourd'hui définitif, il est debout tout entier.

Que dirait maintenant M. l'avocat général Villetard de Laguérie s'il avait encore à défendre M. Drouhet ?

# COUR D'ASSISES DE LA SEINE

## Audience du 1ᵉʳ Décembre 1882

# PLAIDOIRIE DE Mᴱ GATINEAU

## I

**Portrait du plaignant et du prévenu**

Mᵉ Gatineau se lève et s'exprime en ces termes :

Messieurs les jurés,

J'ai à répondre à deux adversaires · M. l'avocat géneral, a paru demander un brevet d'impartiahte dans cette affaire; j'ai le regret de le lui refuser. Il a attaque, en effet, avec une très grande énergie et avec un incontestable talent M. Pierre Alype, pour lequel je me présente.

Quant à mon autre adversaire, l'éminent Mᵉ Allou, pendant trois heures entieres, il a traite avec un talent auquel tout le monde rend hommage, il a traite de beaucoup de choses : il a même un peu parle de l'affaire. (Rires dans l'auditoire).

Je viens répondre à ces deux adversaires. Je vais le faire avec un calme excessif, et je prends l'engagement de ne pas laisser une seule ligne des articles incriminés, un seul mot, une seule virgule, qui ne soit completement justifiée. Je prends l'engagement de vous démontrer que l'action de M. Drouhet est l'acte d'audace d'un homme acculé par ses antécédents et réduit aux dernieres extrémites. (Vive sensation).

Vous voyez que je m'avance beaucoup : tout à l'heure vous aurez la conviction que je ne me suis pas avancé trop.

On a commencé par chercher à calomnier M. Pierre Alype, député des Indes françaises, et dans les significations des pièces faites par l'adversaire, j'ai rencontré des documents — sur la véracité et la moralité desquels je reviendrai tout-à-l'heure — j'ai rencontré des documents qui tendent à le calomnier.

D'une manière générale, on a empoisonné l'opinion publique par des révélations tendant à démontrer que, non seulement M. Pierre Alype est un homme politique, un mandataire chargé de défendre les intérêts de ses commettants, mais que c'est en même temps un homme qui fait montre de la plus noire ingratitude, qu'il était l'obligé de M. Drouhet, qu'il a publié des articles élogieux sur les faits mêmes qu'il a plus tard dénoncés comme délictueux et qu'enfin il a accablé de ses lettres de protestations, d'estime et d'amitié l'infortuné M. Drouhet, qui se plaint aujourd'hui, et qu'au moment même où il ouvrait la bouche pour chanter ses louanges et pour lui faire connaître ses sentiments dévoués, il préméditait de le perdre, et de le perdre parce que lui. M Drouhet, faisait une chose énorme, parce qu'il défendait un de ses subordonnés qui avait agi sous sa responsabilité personnelle.

C'est bien là, Messieurs. le portrait que vous avez entendu faire ici de mon client. Il a été adouci par mon éminent confrere Mᵉ Allou. Mᵉ Allou a dit, ma foi, en meilleur langage que moi — (mais j'entends triompher par la vérité et non par l'eloquence, j'entends triompher par la verité et je puis promettre sans témérité à mon jeune et cher collègue qu'en ceci, ma plaidoirie sera aussi éloquente que celle de Mᵉ Allou), il a déclaré, dans sa plaidoirie, qu'il n'avait rien à dire des antecédents de M. Pierre Alype, dont il s'est plu à reconnaître la parfaite honorabilité.

Et alors, je lui demande pourquoi son client, M. Drouhet, m'a signifie une pièce qui est une véritable infamie contre M Pierre Alype, pourquoi, dans cette pièce qu'il m'a signifiée, il fait déclarer par la bouche du sénateur, M. Laserve, décède, que M. Pierre Alype est une sorte d'indigne ; je lui demande pourquoi, et lui-même et son fils dont le nom figure dans la pièce signifiée, quoiqu'il ne figure pas dans la discussion, pourquoi ils ont dit à tous les députes, à tous les sénateurs, à tous les gens qu'attirent au Palais leurs affaires ou leurs distractions, pouquoi ils ont dit contre M. Pierre Alype de véritables horreurs, et pourquoi ils ont plaidé comme étant en face d'une sorte de malfaiteur. Voilà ce que je leur demande

J'ai donc tout d'abord Messieurs, à vous faire connaître M. Pierre Alype, et ensuite, je vous ferai connaître M. Drouhet ; puis nous examinerons ensemble les faits reprochés à mon client, et j'aurai pour collabotrice votre bonne attention que je sollicite tres modestement, mais avec quelque insistance dans une tâche qui est une véritable tâche de dignité, de moralité et de justice.

M. Pierre Alype est né dans la colonie de la Réunion. — La colonie de la Réunion, c'est l'ancienne île Bourbon. — Il est parti de la colonie en 1864 ; dans quelles conditions ? Il était alors en rethorique au lycée dont M. Drouhet avait ete le proviseur, — parce que M. Drouhet etait alors inspecteur d'académie — dont M Drouhet était le proviseur.

Il en sortait avec le prix d'honneur. Voici le premier des 34 volumes des œuvres de Cicéron qui lui ont été donnés. Je n'ai pas apporté les 34 volumes : c'est un peu lourd au moins à porter, sinon à digérer (On rit.) Mais ce prix represente une somme de 1500 francs qui avait été votee par le Conseil général pour récompenser un élève exceptionnel. Et voici ce que je lis sur ce prix :

« Le Proviseur du lycée atteste que M.
« Pierre Alype a remporté le premier prix de
« discours latin dans la classe de rethorique,
« lettres, à la distribution solennelle des
« prix qui a eu lieu le 8 août 1864.

« Le Proviseur : DROUHET.

« Premier prix d'honneur, réthorique.

« 8 août 1864. »

Le Conseil général pour récompenser le vaillant jeune homme, cet éleve exceptionnel, qui honorait la colonie, lui votait 1800 fr. par an pendant cinq annees. C'était un vote d'une somme de 9000 fr. destinée à permettre à M. Pierre Alype de venir à Paris pour y terminer ses études, avec l'intention d'entrer dans l'enseignement.

Ces études, il les termine avec de brillants succès au lycée Louis-le-Grand et il en rapporte des certificats. Il en rapporte un premier certificat — je ne vous présente que des pieces officielles, — qui est ainsi conçu :

« La conduite de ce jeune homme a tou-
« jours été excellente. C'est un garçon
« sérieux, laborieux et instruit, qui me
« semble appelé à faire un tres bon maître »...
Pourquoi un très bon maître ? Je vous l'ai dit, Messieurs, c'est parce que M. Pierre Alype venait à Paris pour se mettre dans l'enseignement. Et il lui est delivré par le proviseur l'attestation suivante, au moment ou il a fini ses etudes et apres ses succès au concours, au moment où il quitte le lycée :

« Le Proviseur soussigné, officier de la
« Legion d'honneur, certifie que le jeune
« Pierre Alype a fait au lycée Louis-le-
« Grand, comme élève interne, une année
« de réthorique et de philosophie, le provi-
« seur atteste que par ses dispositions mo-
« rales, son application et ses capacités, ce
« jeune homme lui paraît apte aux fonctions
« de l'enseignement »

Comme M Pierre Alype est encore jeune, je considère, Messieurs, que j'ai déjà franchi une étape importante en le conduisant jusqu'à sa vingtième année, et en vous le présentant entouré de ces temoignages contre lesquels l'adversaire qui l'a tant calomnié, pour échapper aux conséquences de ses actes antérieurs, n'a rien trouvé à redire,

M. Alype a vingt ans. Et alors, il reçoit de son ancien proviseur, pour lequel il avait gardé une tres grande et tres sincère tendresse, de son ancien proviseur, qui avait signé cette attestation de mérite et l'obtention du premier prix d'honneur, qui avait signé la piece établissant cette recompense si considérable d'un don de 1500 fr , car ceci est un ouvrage unique, il a coûté 1500 fr. chez Firmin Didot, et d'un don de 9000 fr., à repartir sur cinq années, il avait conservé pour l'homme qui avait signé cet honorable certificat, il avait conservé pour lui une grande affection, une grande estime. — S'il en avait ete autrement, c'eût ete un mauvais cœur, — et les attestations qu'il présente établissent que c'était le plus digne, le plus honorable et le plus laborieux des jeunes gens. Il reçoit à ce moment, vers 1869, où il était encore au lycée, car il n'avait pas fini ses études, et qu'en 1868 il commençait à redoubler sa philosophie — il reçoit deux manuscrits : un premier manuscrit *de la main de M. Drouhet,* ici présent. Je vais vous le prouver.

Vous savez qu'on lui reproche d'avoir fait des articles pour M. Drouhet en 1869, dans les journaux.

Il reçoit un premier manuscrit *de la main de M. Drouhet, absolument comme le deuxième*

A quel moment recevait-il ce manuscrit sur ces affaires de 1869, qui se sont terminées devant la justice, et qui se sont terminees d'une façon si déplaisante, quelque secours que M. Drouhet ait trouvé dans l'interprétation et de son défenseur et du ministère public auxquels je répondrai ?

Il le publie avant qu'un jugement et un arrêt fussent intervenus dans l'affaire de l'économe.

J'ai dit que le manuscrit etait de la *main de M. Drouhet.* Prouvez-moi le contraire, si vous avez cette suprême audace !

J'ai besoin de la réponse de M. Drouhet, parce que s'il dit le contraire, je le mettrai en flagrant délit d'erreur, et tout à l'heure je serai peut être encore plus juste et plus sévère (Sensation prolongée dans l'auditoire.)

Me Gatineau (se tournant vers l'auditoire et désignant M. Drouhet).

Il ne nie pas ! Je suis heureux de voir une dernière lueur de probité se montrer dans cette âme troublée ! (Mouvement prolongé )

M. Alype publie cet article dans le journal *la Réforme* ou *le Siècle, la Réforme,* ou il est entré, il le publie sans y rien changer — il n'avait rien à y ajouter, étant tendrement dévoué à M. Drouhet. Il approuvait de toute son âme les compliments admirables que se faisait à lui-même prudemment M Drouhet.

Et de fait, on n'est bien loué que par soi-même, je vous l'assure. Et M. Drouhet, en cette occasion, put éprouver les douceurs de louanges sans aucune espece de mélange de critiques (Rires prolongés).

L'économe est condamne. Nous verrons dans quelles circonstances et comment ; nous verrons qu'il n'a pas été condamné sur des faits correspondant à la gestion de M. Drouhet, et dont le jury a sagement pensé que seul M. Drouhet devait en avoir la responsabilité.

Et alors, apres sa condamnation, M. Drouhet commence à faire ce qu'il fera toute sa vie. Sans oser affronter les juges pour faire réviser les jugements sur lesquels il s'est pourvu en cassation, il renvoyait à M Pierre Alype un *second manuscrit tout entier de sa main.* (Je souligne de nouveau ces mots.)

C'est, je crois, celui que vous a lu le ministère public. Mon eminent confrere, Me Allou, en a lu un aussi : j'ignore si le ministère public a lu le même. Peu importe.

C'est un article qui proteste dejà contre la chose jugée, qui déclare que ce sont les juges qui n'ont pas été honnêtes, — c'est le sens, — et que l'homme qui a été honnête, entendez-le bien, Messieurs, c'est M. Drouhet, c'est M. Drouhet auquel le procureur général a dit : « Votre place n'est pas au banc des témoins ; vous devriez être assis à côté de l'accusé ! »

M. Alype qui, je le répète, était parti depuis cinq années de l'île de la Réunion, qui avait fini ses études, qui etait alors un journaliste débutant dans un journal assurément honorable puisque j'ai cité le *Siècle,* ou il a longtemps écrit, et — circonstance toute en sa faveur, il n'a jamais cessé d'écrire depuis treize ou quatorze ans, et il n'a jamais eu l'apparence d'une poursuite quelconque, tant sa plume a été modérée, sage, loyale, – ce qui lui a valu d'exciter des jalousies que vous verrez tout à l heure lever la tête et se manifester dans le procès.

Il publie le second article de M. Drouhet comme il avait publié le premier

Me Gatineau (se tournant vers M Drouhet).— Comme on ne me dénie point, comme on ne dénie point la vérité de ce que j'avance, je vous epargne vingt minutes, une demiheure de plaidoirie, qui seraient occupées par la lecture des articles et en même temps par des révelations de fait qui, à cet égard, feraient du point que j'avance un point acquis pour la vérité.

Me Allou — Pardon, mon cher confrère, il ne faudrait pas abuser des questions qu'on pose à l'adversaire et auxquelles il ne répond que par le silence. Nous avez-vous signifié ce prétendu manuscrit auquel vous faites allusion ? J'ai, à mon tour, à vous poser une question : vous savez que vous ne pouvez pas vous servir de documents que vous ne nous ayez pas signifies, à peine de déchéance, pour nous permettre de répondre à notre tour par des documents contraires.

Me Gatineau.— Mon éminent et honorable adversaire ne me paraît pas connaître suffisamment la loi sur la presse. Nous l'avons discutée ensemble, mais il ne me paraît pas la connaître parfaitement ; je le renvoie au texte de la loi et je prends acte de son observation. La seule objection qu'il me fasse, c'est que je ne lui ai pas signifié les manuscrits dont je parle. Le jury voit le contraire, et il en tire dans sa conscience la conclusion.

## II

### Tentatives du gouverneur Drouhet contre le suffrage universel.

Plus tard, M. Alype a écrit un certain nombre de lettres très affectueuses à M. Drouhet, qui était en correspondance avec lui ; il a gardé son affection pour M. Drouhet jusqu'à la dernière heure ; jusqu'à la dernière heure il lui a écrit, pour arriver aux faits de la cause, il lui écrit une lettre, celle dont M. l'avocat général agitait le papier à la fin de son réquisitoire, et il lui écrit une avant-dernière lettre le 21 juillet 1881.

Le 21 juillet 1881, il le félicite de l'impartialité d'une circulaire que, comme gouverneur de l'Inde, il a publiée dans le *Journal officiel* de l'Inde et qu'il a fait afficher.

Rappelez-vous, messieurs les jurés, le parti que mes deux honorables adversaires ont tiré de cette lettre. Il vous ont dit : M. Alype a félicité M. Drouhet de la circulaire impartiale dans laquelle il a déclaré que le gouvernement apportait une neutralité absolue dans les élections, et qu'il n'a pas nui, en conséquence. à la nomination de M. Alype. C'est bien là ce que mes deux adversaires ont plaidé très longuement, avec un talent énorme, et le temps passe vite quand on écoute des hommes éloquents.

Eh bien ! il y a un malheur : c'est que cette circulaire avait été faite par M. Drouhet pour les élections municipales qui ont eu lieu trois mois avant les élections pour la Chambre des députés ; et M. Alype qui, tout en ayant de l'affection et de la reconnaissance pour M. Drouhet, n'était pas sans avoir quelque inquiétude sur son impartialité, parce qu'il le connaissait comme un autoritaire enragé, pardonnez-moi l'expression, comme un homme qui ne recule, ainsi que vous l'a dit un témoin, devant aucun moyen, M. Alype faisait ce que fait un commerçant ou un industriel qui a quelque doute sur les qualités de son contre-maître ou de son caissier : quand il est sur le point de partir en voyage, il dit à son contre-maître : je pars tranquille, vous êtes un homme absolument incapable de ne pas surveiller rigoureusement mes ouvriers, de ne pas être toujours présent. Il lui dit cela parce que l'autre a l'habitude de s'absenter ; c'est alors qu'il fait semblant de croire à ses vertus pour lui inspirer l'idée de les pratiquer ; et de même qu'on dit à son caissier (à qui cela n'est-il pas arrivé dans sa vie ?) de même qu'un commerçant dit à son caissier : on n'a pas besoin de serrure avec vous, on est tranquille. (Explosion de rires.)

Et à quel moment lui-dit-il cela ? Il lui dit cela au moment où il lui est rentré quelques nouvelles de la ville qui lui apprennent que des factures ont été touchées, dont le montant ne figure pas à la caisse (rires prolongés). De telle sorte, quand, à propos, non pas d'une circulaire le concernant, mais à propos d'une circulaire sur les élections municipales, quand M. Alype félicitait M. Drouhet sur son impartialité, c'était une manière de lui dire : c'est très bien ! tâchez d'en faire autant pour moi quand je vais me présenter.

Et pourquoi disait-il cela ? C'est parce que M. Drouhet s'était fait avec l'honorable M. de Mahy, dont nous examinerons le témoignage tout à l'heure, — et ma foi, je le ferai avec modération, car les regrets me désarment, et je plaide devant des Parisiens qui savent tout comprendre à demi-mot, — il se disait : mais il y a M. Haas qui, par parenthèse, n'a point été rappelé sur la demande de M. Alype, mais qui a été rappelé pour cause d'insuffisance en matière de capacité, ainsi que l'a dit M. le sous-secrétaire d'Etat — c'est parce que M. Drouhet s'était fait, avec M. de Mahy, comme avec M. Haas, comme avec M. Pounoutamby, s'était fait un groupe de sept à huit personnes qui étaient des partisans ardents de M. Godin, ancien député, de M. Godin qui, par parenthèse, n'a pas plus vu l'Inde que les autres colonies, qui n'a jamais vu l'Inde et qui ne la verra jamais, entendez bien, c'est un de nos confrères charmants, d'ailleurs, c'est un de nos avocats à la cour de cassation. Ils l'ont nommé leur député, pensant que s'il les représentait devant la Cour de cassation, il pourrait les représenter également à la Chambre des députés

Comme c'étaient les âmes damnées de M. Godin, M. Alype était sage de dire : Oh ! vous êtes tellement impartial que je suis absolument tranquille. Il avait bien tort assurement ; M. Alype l'ignorait, M. Drouhet paraît avoir formé ce beau projet de mettre la colonie de l'Inde à feu et à sang, d'y soulever la révolte, de rayer, sur les 60,000 électeurs, 58,000 d'après nous, 52,000 d'après lui-même et le gouvernement, peu m'importe, pourvu qu'il y en ait plus de 50,000, de rayer des hommes qui sont français depuis 2 siecles, des hommes qui ont conservé leur religion, des hommes dont la civilisation a été l'initiatrice et a précédé les civilisations européennes.

Cela a amusé beaucoup mon adversaire, mais il n'a qu'à prendre l'histoire et à l'ouvrir, et il verra que quand nous prétendons remonter à cinq mille ans, ces hommes prétendent eux, remonter à plusieurs centaines de mille années. Leurs histoires sont là qui prouvent que quand notre Europe était plongée dans la barbarie et dans les ténèbres, ils avaient, eux, cette civilisation imparfaite et insuffisante, ces coutumes auxquelles ils tiennent par dessus tout, mais du moins ils avaient quitté l'état sauvage quand nos vastes plaines et nos vastes forêts étaient livrés à la barbarie et plongés dans les ténèbres.

Et savez-vous comment ils sont Français ! Eh bien, je vais vous le dire tout de suite, parce que je veux que vous vous intéressiez à ces Français qui sont nos frères par le patriotisme, par le dévouement qu'ils ont montré, par leur grandeur patriotique quand ils ont fourni sous la première Révolution et auparavant sous Louis XV, des preuves éclatantes que l'histoire a relevées. Je prends l'exemple de la première Révolution, non pas que j'aime mieux ce régime que les autres, mais il me convient mieux, d'autant plus que j'ai eu la faveur de retrouver le document historique.

C'était en 1793, les Anglais assiégeaient Pondichéry, et vous allez voir comment les Indous ont défendu ce grand drapeau de la France, dont mon adversaire agitait hier les plis flottants, et à l'ombre duquel non seulement ils se sont fait tuer, mais à l'ombre duquel ils se sont ruinés, avec une grandeur, avec une indépendance d'âme, avec une élévation de cœur dignes d'être plus connues, et qui fait la gloire et l'honneur de notre patrie, de cette patrie française que nous aimons tous également, quelle que soit notre opinion politique.

Voici le trait, c'est l'histoire qui parle :

« Il y a, à Pondichéry, un Indou du nom de Sandira-Poullé, qui vit péniblement d'une modeste pension de trois mille francs, avec sa nombreuse famille. Son grand-père a dépensé « douze millions » pour la France et Sandira-Poullé attend, dans le besoin, que la France veuille bien se souvenir d'une des plus grandes familles de l'Inde, qui s'est ruinée pour l'honneur de son drapeau.

« En 1793, les Anglais assiégeaient Pondichéry par Goudeloor et par la mer. Cette malheureuse ville, célèbre pour sa fidélité à toute épreuve envers la France, se défendait avec l'énergie du désespoir. Elle n'avait aucun secours à attendre de la mère-patrie, qui luttait elle-même contre la coalition étrangère

« Un beau jour, on ne put répondre au feu des Anglais Il restait de la poudre, mais on n'avait plus de projectiles On avait envoyé aux habits rouges tout ce qu'il y avait de fer dans la ville : les balustrades des monuments, les flèches et les croix des églises avaient fait de la mitraille.

« Un conseil de guerre était assemblé. Le gouverneur et les vieux soldats qui en faisaient partie pleuraient de rage à la pensée de se rendre. Il y avait là de vieux compagnons de Lally-Tollendal, de Dupleix et de Mahé de la Bourdonnais. C'était dur pour ces braves, d'abandonner la vieille Pondy, la ville des palais, comme on l'appelle sur la côte de Coromandel.

« Tout à coup, un Indou demande à parler aux membres du Conseil. On l'introduit. C'était le chef de la caste des vellaja de Pondichéry, l'homme le plus riche de tout le pays français, l'aïeul de Sandira-Poullé.

« Messieurs, dit-il simplement, apprenant « que vous n'aviez plus de munitions, et « qu'on allait peut-être se rendre, j'ai fait conduire aux remparts cinquante caisses « d'argent monnayé en roupies. Ne pensez-« vous pas que cela fera d'excellente mi-« traille ? »

« A ces mots, la salle éclate en applaudissements On décrète que le chef des vellaja a bien mérité de la patrie. Chacun regagne son poste aux remparts, et la défense reprend avec plus d'enthousiasme Pendant vingt jours on cracha de la mitraille d'or et d'argent sur les Anglais. (Applaudissements dans l'auditoire.)

« La Convention, émue par ce trait de dévouement, ordonna, à titre de récompense nationale, le remboursement des sommes que l'Indou avait offertes aux canons de la France. Le ministre des finances, Roland, liquida, par transaction, la somme à rembourser à une dizaine de millions. Mais le payement ne fut jamais ordonnancé. Le grand chef des vellaja, trop fier pour réclamer rien, mourut dans le besoin, et son petit-fils, Sandira-Poullé, vit dans un état voisin de la misère, dans une ville où sa famille n'est déchue du premier rang que pour avoir trop aimé et trop bien servi la France.

« Il est vrai que Sandira-Poullé a reçu, pour lui et ses héritiers à perpétuité, l'autorisation de porter la canne à pomme d'or.

« Cela est triste à dire, mais, chez les

Anglais, la recompense eût eté à la hauteurd'un pareil dévouement. » (Vive sensation.)

Voilà les hommes dont M. Alype représente les descendants et qu'il n'a pas voulu qu'un Drouhet rayât des pages de la nation française.

A ce moment, les elections ont lieu. M. Alype est nommé, et il est nommé, non pas maigrement et pauvrement, mais il est nommé par 30,000 voix, contre M Godin, deputé sortant, qui en réunit 400 et quelques Il aurait du inviter tous ses electeurs à un petit festin de consolation, seulement la distance était trop grande pour qu'il leur fit cette politesse; et mon adversaire traduit tout ce que M Drouhet a dit dans tous les coins et recoins de la Chambre et du Sénat, ce qu'il a raconte par la bouche pieuse et honnête de son fils à tout le Palais, depuis ceux que nous coudoyons le matin quand ils balayent les corridors, ce qui est un travail honnête et nécessaire, jusqu'à ceux qui font la propreté sociale en prononçant des sentences ou des réquisitoires Mon adversaire prend la circulaire de M Alype pour le rendre ridicule et il en lit les fragments qui ont été signifiés dans la procédure. Quand vous m'entendrez dire ce mot, vous voudrez bien ne pas oublier qu'il y a une signification des pieces dont on entend se servir pour défendre la cause, pour prouver la vérité, signification qui est commandee par la loi sur la presse de juillet 1881, et savez-vous ce qu'il y trouve de ridicule dans cette circulaire, d'abominable, de degradant! C'est que M. Alype dit en toutes lettres qu'un député ne doit pas se représenter lui-même à la Chambre, mais qu'il doit représenter ses électeurs.

Comment ! un représentant du peuple ne doit représenter que lui-même et pas le peuple qui l'envoie pour être son représentant? Oui, dit l'honorable Mᵉ Allou, qui a gardé contre le suffrage universel quelques souvenirs non dégages d'amertume, car le suffrage universel s'est trompé au moins une fois : c'est le jour où mon honorable adversaire, qui sera certainement l'ornement du Sénat et du Parlement tout entier où il est entré par les cent et quelques voix qui suffisent pour assurer l'inamovibilité. c'est le jour ou mon honorable adversaire s'étant présenté dans deux circonscriptions, le suffrage universel a méconnu ses mérites. (Rires prolongés.)

Mᵉ Allou. — Arrêtez ! Je ne veux pas servir de visée et de but à vos sarcasmes. Attaquez mon client comme j'ai attaqué le vôtre; mais, je vous en prie, laissez à l'ecart ma personnalité

Mᵉ Gatineau. — Vous avez attaqué le suffrage universel, je le défends

Mᵉ Allou — Vous n'êtes pas le suffrage universel.

Mᵉ Gatineau. — J'ai la pretention d'être l'élu du suffrage universel, tandis que vous .

M. le President. — Maître Gatineau, vous savez très bien que la loi veut qu'on plaide avec modération. L'observation de Mᵉ Allou est juste. Il a attaque votre client, vous êtes libre d'attaquer le sien ; mais, je vous en prie, laissez de côté les personnalites.

Mᵉ Gatineau. — J'en tiens tellement compte que je croyais n'être pas sorti un seul instant de cette modération

M. le Président. — Jusqu'à present certainement, sauf cette citation.

Mᵉ Gatineau. — M Drouhet faisait reprocher par la bouche de Mᵉ Allou à M. Alype d'avoir dit qu'il représentait fidèlement ses électeurs C'était son devoir, et là-dessus on dit, chose singuliere ! que M. Alype est nommé pour faire des lois que ses mandants n'auront pas à respecter, et c'est là, messieurs, une affirmation que j'ai vu reproduire avec surprise dans la bouche de M l'avocat general. Toutes nos lois s'appliquent à tous les Français, sans aucune distinction, et il n'y a de différence que pour ce qu'on appelle le statut personnel

Voulez-vous me permettre de vous indiquer par un exemple ce que peut être le statut personnel. Chez nous, les Français ne peuvent epouser qu'une seule femme; chez les Indous, la polygamie existe. Cela est permis par leur religion, et ce droit, cette polygamie, ce droit d'épouser plusieurs femmes est un des éléments de leur statut personnel et alors si on faisait une loi pour interdire la pluralité des femmes, elle ne s'appliquerait pas à ces Indous Mais, qu'on fasse une loi qui les oblige à contribuer aux chemins vicinaux, qui les oblige à respecter les lois de police et de sûreté, à consacrer au pays certaines portions de leur temps, cette loi-là les oblige comme tous les Français. De sorte que l'objection qui a été faite n'a absolument aucune portée pratique.

Ce que mon adversaire ne vous a pas dit, c'est ce que promettait à ces Indous mon client et mon ami, Pierre Alype : ce qu'il leur promettait, c'était le respect de leurs convictions et de leur religion M. Pierre Alype, est en effet, de ceux qui respectent toutes les croyances et toutes les convictions : il respecte en politique toutes les opinions, parce que toutes les croyances, toutes les convictions, toutes les opinions politiques sont respectables. Il n'en critique aucune, il suit sa voie de républicain, mais il respecte et salue ses adversaires au passage. Et il a raison ; et alors ce qu'il voulait, c'était leur garantir ces libertés qu'ils se plaignaient d'avoir perdu.

« Le progrès, dit-il dans sa profession de foi, ne consiste pas à faire embrasser à un peuple dont la civilisation est légendaire, la civilisation européenne d'aujourd'hui : le progrès consiste à lui inculquer les principes de liberté, que le despotisme avait anéantis Je m'engage donc formellement à respecter et à faire respecter vos us et coutumes »

C'est la loi française qui le dit. Ils sont Français sous cette condition qui a été respectée pendant deux cents ans par cette glorieuse monarchie dont je nommais tout-à-l'heure les serviteurs les plus fidèles, condition qui a été respectée par cette grande Révolution dont est sortie notre société moderne, et qui sera respectée par cette troisième République qui ne sera pas la république autoritaire et menaçante dont j'entendais l'éloge hier dans la bouche de mon adversaire, mais qui sera la république libérale et tolérante, la république loyale qui n'a point d'ennemis, qui peut avoir des adversaires, mais qui voit dans tous les Français ses enfants.

Et M. Alype continue :

« Républicain résolu, je veux le maintien de la République, par conviction et par reconnaissance, parce que c'est elle qui nous a dotés des précieuses libertés dont nous jouissons aujourd'hui Ce gouvernement qui nous est cher à tous, j'ai combattu pour lui sous l'Empire, j'ai été un des premiers à l'acclamer au 4 septembre 1870, et je ne serais pas le dernier à le défendre de toutes mes forces s'il était de nouveau menacé dans son existence, comme au 16 Mai. Mon passé politique répond de l'avenir.

« Si les idées que je viens d'exprimer sont les vôtres, mes chers concitoyens ; si ce programme vous paraît digne de vous, votez pour moi. Je m'engage à le défendre à la Chambre des députés et au ministère avec tout le dévouement et toute l'énergie que vous me connaissez pour vos intérêts et pour ceux de la République.

« Vive la France !

« Vive la République ! »

Vous voyez, Messieurs, que la circulaire n'est pas ridicule ; qu'elle n'est point un hommage rendu à la barbarie, à la bassesse des sentiments de nos illustres concitoyens les Indous, mais qu'elle est l'expression loyale et franche d'une doctrine politique sage, honnête, et de nature à attirer à nous, ou plutôt à nous conserver l'affection, déjà deux fois séculaire, de populations qui ont été si gravement offensées, comme vous le verrez, par le gouverneur Drouhet.

Mon adversaire a encore reproché à M. Alype d'avoir écrit une circulaire aux Indous, a ses électeurs, dans laquelle il leur dit qu'ils ont fait quelque chose de très bien en le choisissant comme député, qu'ils ont remporté une grande victoire ; que lui ne sera pas le député d'une coterie, et cette coterie avait pour chefs précisément M. Haas et M Drouhet, comme vous le disait hier un témoin, M. le sénateur Jacques Hébrard ; M. Alype était le représentant de tout le monde et il les félicite du grand succès qu'ils avaient remporté, et il leur fait entendre qu'ils ont fait le choix le meilleur possible.

Est-ce que vous auriez voulu qu'il leur dît : je n'ai pas à vous le cacher, en me choisissant, vous vous êtes trompés : vous vouliez un honnête homme ; vous croyiez avoir élu un honnête homme, pas du tout ; sachez que l'homme qui vous représente compte faire comme pas mal d'autres : aussitôt que je serai nommé, je vous tournerai le dos, et c'est un mouvement que je vais m'empresser d'exécuter. Et puis, au lieu d'être le représentant de tout le monde, de faire de la conciliation, de faire observer les lois, de vous inspirer l'amour de la France et de la liberté, eh bien ! je vais me ranger sous la direction de M. Haas et de M. Drouhet, et je vais vous persécuter le plus que je pourrai.

Vous pensez bien qu'il ne pouvait pas leur faire une pareille profession de foi, d'autant plus qu'il ne le pensait pas, et qu'en les félicitant il a fait ce qui était naturel, ce qui était sage et ce qu'on a eu tort de critiquer ?

A ce moment, et après la lettre, après son élection, il écrit encore à M. Drouhet, et il écrit a M. Drouhet la lettre la plus prudente, la plus politique et la plus affectueuse. Il se rend d'abord au ministère (et je trouve ce document dans les pièces qui nous ont été d'abord signifiées à la requête de M. Drouhet), il se rend d'abord au ministère, c'était le 29 octobre, et là, au ministère, il dit : « Eh bien, voyons, voilà la bataille finie, j'ai eu 30,000 voix. M. Drouhet a eu telle ou telle attitude : je ne veux pas le savoir, c'est un homme auquel je suis attaché par les liens de l'affection et par la reconnaissance d'un ancien élève pour son maître Il faut que nous marchions d'accord. J'ai, comme député, un mandat à accomplir ; comme représentant du gouvernement, il a un mandat à accomplir, comme député, je suis le contrôleur naturel de M. Drouhet, absolument comme les députés de département et d'arrondissement sont les contrôleurs de leur préfet et de leur sous-préfet en matière politique Ainsi le veut notre Constitution, ainsi le veut le bon sens, ainsi le veut la pratique » (Murmures).

Je m'aperçois que j'ai des adversaires qui ne le veulent pas. Je leur declare que cela m'afflige, mais ne me troublera pas outre mesure.

Et alors il dit : « Il faut que nous soyons absolument d'accord » Puis il écrit à M Drouhet exactement dans ce sens-là ; il lui parle de M. Haas — Non pas que M.Haas ne soit pas un brave homme ; nous l'avons vu ici, et l'impression que vous en avez recueillie, je ne veux pas l'analyser, parce que M. Haas est peut-être à l'audience ; je ne veux pas l'offenser, mais cette impression se résume en ce mot : C'est un brave homme et voilà tout. Mais il s'etait fait le chef (vous allez voir cela tout-à-l'heure avec les preuves, je n'avance rien que je ne prouve), le chef du parti Godin, du député précédent qui avait réuni 400 et quelques voix, je vous dirai le chiffre exact, c'est moins de 500. Et alors il ecrit à M.Drouhet cette lettre bonne et excellente :

« Paris, 28 octobre 1881. — Cher Monsieur Drouhet, au milieu de mes préoccupations electorales, j'ai négligé de répondre à votre bonne lettre du 20 août dernier. » (Vous voyez qu'il est gentil, pardonnez-moi la vulgarité de l'expression ; il n'a pas de rancune ; il entendait toujours rester bien avec son ancien maître.) « Je ne doute pas que nous ne marchions d'accord aujourd'hui plus que jamais. etc. »

C'est très clair, il fait les avances les plus amicales au gouverneur. Il dit qu'un accord parfait doit regner entre eux, parce qu'ils ont cette collaboration honorable et élevée de servir les intérêts de la colonie : l'un est envoyé par le pouvoir central pour servir les intérêts de la colonie, et l'autre est envoyé par la colonie près le pouvoir central ou Parlement, pour servir les mêmes intérêts.

Quant à M. Haas, qui s'est compromis, il faut le faire rentrer en France dans l'intérêt de la colonie. Remarquez-le bien M. Turquet, à cet égard, vous a donné hier pleine et entière satisfaction, puisqu'il a dit qu'il s'agissait simplement pour M. Haas d'un déplacement, et de lui donner, en dehors du pays où il avait eu tort de se compromettre par ses agissements, une situation aussi bonne que celle qu'il avait là ou il était devenu extrêmement *impopulaire.*

Tout cela est très bien, mais à ce moment-là M. Alype était-il loyal ? Oui, il était loyal, car, le 27, M. Michaux, directeur des colonies, M. Michaux écrivait à M.Drouhet. qui nous reproduit la lettre, precisément une lettre identique, dans laquelle il lui disait : ( C'est une lettre du 27 octobre 1881, j'ai vu M Pierre Alype, et il a vu le ministre). C'était le 26 ; et la preuve qu'il l'a vu, c'est que 27 octobre, M. le directeur des colonies écrivait à M. Drouhet.

C'est là, Messieurs, une preuve de loyaute incontestable ; et s'il y avait un peu moins de desordre dans le dossier, si on n'avait pas tant mêlé les pièces qu'on nous a signifiees, je ne sais pour quelle cause. nous verrons cela plus tard, j'aurais tout de suite trouvé cette lettre...

Mᵉ Gatineau, après avoir recherché pendant quelques instants cette lettre, continue La voici cependant :

*Ministère de la marine et des colonies,*

Paris, 27 octobre,

Mon cher gouverneur,

(Il écrit cela à M Drouhet; nous avons la lettre d'avis que trois jours avant M Alype a été au ministère, et qu'il a vu le directeur des colonies.)

« Mon cher gouverneur, voilà les élec-
« tions législatives terminees, et vous com-
« prendrez comme moi, que quelles que
« soient nos convictions personnelles sur
« les questions de progres et de civilisation,
« notre devoir est de nous incliner devant
« la volonté du suffrage universel D'ail-
« leurs, les sentiments de respect que mani-
«-feste à votre egard le nouveau député de
« l'Inde, m'autorisent à penser que l'accord
« s'établira facilement entre vous et lui. Il
« n'en sera malheureusement pas de même
« de tout le monde autour de vous, etc.  »

M. Drouhet ne m'a point communiqué la suite de cette phrase, mais je devine ce qu'il y a : le directeur des colonies lui dit, très certainement, bien que je n'aie pas pu voir, je le répete, cette suite de phrase :

« M. Haas s'est compromis, il faut le
« rappeler en France.. »

Est ce que ce n'est pas cela ? Si je me trompe, veuillez me donner l'original de la lettre et vous verrez que c'est le même sens : le directeur des colonies a sans doute, reconnu que M. Haas était desormais impos-ible, et qu'il fallait qu'il rentrât ; on lui donnerait un dédommagement, et ce serait plutôt un avantage pour lui qu'une punition.

Allons ! M. Drouhet, veuillez me communiquer l'original de la lettre de M. Michaux. Je ne suis pas tenu de m'en rapporter à la copie que vous m'avez signifiée. Je suis convaincu que vous nous avez caché, selon vos procédés habituels, ce qu'il y a de meilleur dans cette lettre Allons ! pourquoi donc hesitez-vous ?

(M Drouhet d'une main tremblante remet à Mᵉ Gatineau l'original de la lettre). — (Rumeurs prolongées dans l'auditoire)

Mᵉ Gatineau (après avoir parcouru la lettre) Ah ! j'en etais bien sur : c'est tout-à-fait ce que j'avais prévu ; la lettre nous est très favorable.

D'ordinaire ce que l'on ne met pas dans les pieces qu on signifie, c'est bon pour l'adversaire.

Je vais vous lire l'original que vous dissimuliez avec tant de soin : « L'accord s'é- « tablira facilement entre vous et lui ; il « n en sera ma heureusement pas de même « de tout le monde autour de vous. Vous « devez vous rappeler cet avertissement un » peu solennel que je vous ai envoye vers le » mois d'avril ou de mai pour *vous avertir* . » (Vous voyez que c'est bien meilleur encore que je ne croyais) .. « Pour *vous avertir* de « l'espece d'etat d'echauffement, d'exalta- « tion ou vous allez trouver votre personnel « administratif, — dont M. Haas était le « chef ; c est moi qui ajoute cela. — Cet « avertissement que vous avez certainement « communique, n a evidemment pas ete en- « tendu, j'en ai reçu plusieurs fois l'avis : « l ardeur des passions a ferme les oreilles « et les yeux Je dis ceci sans blâme, car « les intentions étaient excellentes .. »

Il faut vous dire que M. Michaux a ete à la tribune l'objet d'un examen dont il est ressorti qu'il n'avait pas des idees republicaines très prononcées Vous comprenez que tous les réactionnaires dont il parle là, ont, pour lui, des intentions excellentes

« Mais aujourd'hui il y a une défaite à li- « quider : c'est là le grand malheur de ces « sortes de campagnes que l'administration « devrait toujours s'interdire.

« J'ai eu sous les yeux plusieurs preuves « de l'incapacité de M Haas ; le ministère « a decidé de le rappeler »

Je lis exactement. Vous ne me l'avez pas signifié, mais je lis tout.

Mᵉ Allou. — Parce que j'ai bien voulu vous donner la lettre

Mᵉ Gatineau. — Voulez-vous me la retirer ?...

Mᵉ Allou. — Non, ceci est excellent.

Mᵉ Gatineau (continuant la lecture) — « Mais je ne me fais aucune illusion sur le « résultat fondé ou non ; les reproches per- « sisteront jusqu'à ce qu'ils soient devenus « une cause de complications pour votre « gouvernement. Si ces représailles vous « etonnaient, je vous dirais qu'elles ne sont « qu'un diminutif de celles qui ont suivi « l'election de M. Godin »

Il paraît que M. Godin avait fait bien pis que cela ; il avait probablement demandé une exécution en masse

« Je terminerai, ajoute M Michaux, par « deux mots relatifs au décret du 21 sep- « tembre 1881. Je vous prie de suivre scru- « puleusement les instructions ministeriel- « les, lesquelles vous font connaître que dans « le décret de renonciation il n'y a aucune « arrière-pensée attentatoire aux indiens, « qui gardent leur statut personnel »

## III

### Décret falsifié par le gouverneur Drouhet.

Vous savez, Messieurs, ce décret que M Drouhet a falsifié dans le but de rayer 50,000 électeurs et de les priver de leurs droits électoraux, on lui en parle dans cette lettre Eh bien ! me voilà averti ; cette lettre ne laisse planer aucun doute sur la résolution du ministre de ne pas se prêter à des remaniements qui auraient manifestement le caractère d'une manœuvre électorale, et, soyez-en convaincus, c'est une determination très arrêtée dans l'esprit du ministre.

« J'ajoute que je me suis constamment « associé à cette pensée ministerielle, dit « l'honorable **M. Michaux** ; je ne crains pas « qu'on le dise, quelles qu'en puissent être « les conséquences.

« Vous excuserez la longueur, etc. »

Je trouve dans cette lettre, dont on m'avait signifié des extraits triés en omettant le meilleur et le plus important, je trouve deux choses : la première, c'est que le ministere de la marine avait pris la résolution de rappeler M Haas (ce que vous n'avez, du reste, pas à apprécier, pas plus que moi. pas plus que mon adversaire, pas plus que le ministère public qui nous a entretenus de

M. Haas pendant tres longtemps); de le rappeler, de le faire rentrer en France par un conge de convalescence dont la durée aurait permis à M. Haas de faire oublier ses procédés; ou bien de lui donner autre chose, une situation pareille ou meilleure en France J'y trouve que quand M. Alype est allé chez M. Michaux, il n'avait pas l'initiative de ces sentiments ni de ces resolutions, mais qu'il en recevait la communication de M. Michaux, Par conséquent, tout cet echafaudage d'accusations, de . comment dirai-je ? de combinaisons tendant à démontrer que M. Alype est un homme dur et cruel, qu'il a voulu sacrifier M Haas, qui est le plus honnête homme du monde, tout cela n'existe point, tout cela n'est que de la fantasmagorie

Tout de suite je me débarrasse du singulier motif que M. Haas donnait à son deplacement. M Haas disait · « Ah ! c'est parce que j'ai voulu faire aller à l'école ensemble les enfants des parias et les enfants des Indous de la classe aristocratique, ainsi que les enfants des Français, et, dit-il, j'ai fait cela a l'imitation des Anglais. »

Il n'y a qu'un malheur, c'est que ni les Anglais ni les Americains ne tolerent le moindre contact avec les gens de couleur ; c'est qu'en Amérique ou l'on a gardé tous les prejugés et toutes les grandes qualités de la race anglaise, il n'est pas rare de voir le flegmatique Américain brûler la cervelle à l'homme qui révèle une origine indienne, parce qu'il ne veut pas être en contact avec lui Donc, quand M Hass disait que la bonne intelligence, la familiarité même, existait dans l'Inde anglaise, entre les petits enfants des Indous et les petits enfants des Anglais, M Haas nous donnait une fois de plus la preuve de son insuffisance et M. Berlet avait eu raison de dire que c'était pour cela qu'il était révoqué

Voici l'incident vide, je n'y reviendrai pas ; ce n'est pas l'affaire Haas qui a motive en quoi que ce soit le mecontentement et du ministere et de M. Alype. L'affaire est engagée. M Haas était compromis, la décision etait prise avant que M. Alype ait manifesté le moindre mouvement de colère contre le gouverneur Drouhet, au moment même qu'il écrit à M Drouhet ses protestations de dévouement et l'expression de ses sentiments d'amitié, et non pas avant.

Je trouve aussi autre chose dans la lettre, autre chose qui est bien important et qui reviendra tout à l'heure dans notre discussion. Je trouve la preuve que, pour le décret du 21 septembre qui disait que les Indiens pourraient renoncer à leur statut personnel, M Drouhet est averti de la façon la plus catégorique qu'il n'y a pas d'arriere-pensée dans le debat, qu'il ne s'agit que d'un statut personnel que les Indiens devront posséder veritablement sans aucune espece de contrainte, et qu'il ne faut pas voir là l'intention d'un decret qui a pour but de troubler ou de modifier les listes electorales ; il est bien averti

Je comprends parfaitement qu'il ne m'ait pas notifié ce passage qui, tout à l'heure, va retomber de tout le poids d'une condamnation anticipée sur les faits qui se sont passes sous ses yeux, mais la communication qu'il vient de nous faire, un peu malgré lui, il était forcé de nous la faire, parce qu'il faut montrer le tout quand on a exposé la partie dans une communication de pieces, et qu'il n'est pas possible de plaider avec des extraits de lettres dont le restant peut avoir un sens que l'adversaire peut utiliser. Je le repete, il nous a communique un peu malgre lui ce passage et j'en ai profite en le commentant.

J'en ai fini sur ce point. Voilà donc que M Alype a ete très bon, très dévoue, tres reconnaissant jusqu'au dernier moment jusqu'à la date du 28 septembre, envers M Drouhet, et que l'affaire Haas n'est absolument pour rien dans cette circonstance

Mais que se passe-t-il à ce moment-la ? Ce qui se passe, je vais vous le dire tout de suite. Une protestation est faite contre l'élection de M Alype. Sur quoi est-elle fondee ? La protestation declare qu'il y a eu 45,000 electeurs de trop Vous m'entendez bien, 45,000 électeurs qui n'auraient pas dû voter ; c'est-à-dire qu'à l'avance la protestation denie la qualité de Français aux Indous. Et par qui est signée cette protestation ? Nous allons voir, Messieurs, quelle est la main qui a dirige tout ce monde-là

La protestation est signée notamment par 29 fonctionnaires de M Drouhet, et le total des signatures est de 35. Et sur quoi tous ces pétitionnaires s'appuyent-ils pour demander la nullité de l'election ? Ils se fondent sur ce que les Indous n'auraient pas dû voter. Et comme il faut appuyer cette protestation, tout à l'heure vous allez voir M. Drouhet falsifier le décret autorisant les Indous à renoncer librement à leur statut personnel, mais leur garantissant leur qualité de Français qu'il n'a jamais été question d'atteindre, comme le dit la lettre de M. Michaux.

Ce que j'ai avancé est-il vrai ? Je ne veux pas vous lire cette protestation qui tendait à faire opérer l'annulation d'une election appuyée par 30 mille voix, alors que l'on n'avait en face de soi que l'honorable M Godin qui étaiten compagnie peu nombreuse, mais bien choisie, de 461 voix exactement

M. Alype avait eu 63 ou 64 fois plus de voix que son adversaire Comment d'ailleurs aurait-on pu dire, soutenir que l'election de M Alype était nulle? Quels motifs invoquer? M Alype n'etait pas allé là-bas, M Alype était resté à Paris ; M. Drouhet était gouverneur et disposait en quelque sorte de l'administration, de son personnel, et tous ces fonctionnaires, évidemment, avaient incliné du côté de M Godin, qui n'avait pu cependant, et malgré tout, reunir que 461 voix. Comment peut-on dire alors que l'election de M. Alype est nulle avec 30 mille voix, si on ne vient pas objecter que les 30 mille électeurs qui l'ont nommé ne sont pas des électeurs, qu'ils ne comptent pas, qu'ils ne doivent pas voter, et que c'est à tort qu'ils jouissent de leurs droits electoraux? Le décret de la Republique qui leur a confirmé leurs droits électoraux et leur qualité de français, ce decret là, il faut le rayer, il faut le considérer comme non existant; il faut dechirer ce décret, le plus sage qui ait été rendu dans l'intérêt colonial; il faut déchirer le décret de la Republique; et comme il vient un nouveau décret du President de la République, il faut falsifier ce decret pour mettre tout d'accord.

On proteste donc contre l'élection de M. Alype. et on proteste par le seul moyen que l'on ait, c'est-à-dire en démontrant qu'il avait été nomme par des électeurs qui n'avaient pas le droit de voter. Voici comment se termine la protestation .

« Nous vous demandons, Messieurs les « députes, de vouloir bien déclarer que « l'election de M. Pierre Alype est nulle »

Et ensuite j'aperçois les signatures de tous les protestataires.

L'élection de M Alype est validée, bien entendu, sans discussion, sans protestation, à l'unanimité. On fait seulement dans le rapport quelques reserves afin d'appeler l'attention sur les listes electorales et de n'y admettre que les Indous qui sont français. A cet egard là, il ne saurait y avoir aucune espèce de contestation.

A cette même date à peu pres, je trouve une lettre de M l'amiral Jaureguiberry, qui est encore actuellement ministre de la marine, lettre dans laquelle il s'git de M. Drouhet, il s'agit de savoir si les signatures contenues dans la protestation sont véri-

tables, et l'amiral dit à M. Alype qu'il mettra à sa disposition le premier document qui lui parviendra de M. Drouhet. »

Jusque-là cependant la plus grande amitié continue a regner entre M. Drouhet et M. Alype, lequel même, apres cette protestation lui ecrit : « Mettons-nous d'accord, vous savez combien j'ai de respect et de dévouement pour vous , je suis votre ancien eleve , mettons-nous d'accord et contractons une collaboration qui soit profitable aux interêts de la colonie que nous sommes charges de defendre tous les deux

Mais cela ne faisait pas l'affaire de M. Drouhet. Il reçoit ce decret sur lequel il avait été renseigne non-seulement par la lettre que je vous ai lue, lettre ayant un caractere un peu confidentiel, mais par des instructions publiques réitérees, par des instructions anterieures qui vont passer sous vos yeux dans un instant, par des instructions contemporaines, et enfin par des instructions posterieures ; il reçoit, dis-je, ce décret que j'ai là sous les yeux, qui est du 21 septembre et qui figure dans le *Moniteur de la colonie*, decret qui autorise les Indiens qui le voudront bien, à renoncer à leur statut personnel (nous sommes d'accord là-dessus), c'est-à-dire à accepter toutes nos lois sur l'état civil, sur la constitution de la famille, etc. ; et comment traduit-il ses intentions? Il les traduit ainsi que vous l'avez deja deviné, en préparant une combinaison qui aura pour objet de supprimer 50,000 électeurs sur les listes electorales et de reduire le corps électoral aux quelques centaines d'electeurs qui ont voté pour M Godin.

Voici, en effet, son arrêté qui a reçu un commencement d'exécution, dans l'execution duquel M le gouverneur Drouhet a persisté malgre les défenses qui lui ont eté faites par le sous-secrétaire d Etat, M. Berlet, et qui nous a révélé un fait d'escamotage tres intéressant « Pondichery, le « 3 janvier 1882, arrêté promulgant le de- « cret relatif à la *naturalisation des In-* « *diens* »

Or, si les Indiens avaient besoin d'être naturalisés Français, c'est qu'ils n'etaient pas Français. Vous comprenez bien, Messieurs, les consequences qui resultaient de cet intitulé du décret; cela signifiait que les Indiens avaient besoin d'être naturalises Français. Cela n'avait pas d'autre sens, et c'est ainsi que cela a été compris, soutenu à la cour de cassation, et exécuté par M Drouhet.

Or, la lettre qu'il vient de me communiquer, parce que je l'y ai contraint, sans compter les autres documents que je vous ai fait connaître, la lettre de M le sous-secrétaire d'Etat surtout, ne visaient pas l'obligation de la naturalisation ; « le gouvernement n'a pas d'arrière-pensée; le gouvernement entend que son décret soit appliqué loyalement, que vous ne fassiez pas croire aux Indous qu'ils ont besoin d'être naturalisés, puisqu'ils sont Français. » Et alors, lui, M. Drouhet, poussant le cynisme à des limites qui seraient à peine croyables s'il n'avait été habitué à échapper anterieurement à des périls plus compliqués encore, et si l'impunité ne l'avait habitué et comme encouragé à atteindre les dernières limites qu'il va franchir en ce moment, il prend un arrête promulguant le décret relatif à la *naturalisation des Indiens*, tandis que le véritable decret est intitulé : décret relatif a la *renonciation au statut personnel*. (Rumeurs prolongées dans l'auditoire.)

C'est un faux volontaire, c'est un acte odieux, c'est un faux dont les conséquences pouvaient être de désaffectionner ces braves Français qui se sont si bien conduits, de les jeter dans les bras de nos voisins les Anglais Et le sous-secrétaire d'Etat, M Berlet, vous le disait en employant une réticence que vous avez comprise; M. Berlet, ce collegue si franc, si loyal, dont la face est si ouverte, dont l'œil est si clair, vous disait · « cela va amener des complications dont je ne veux pas parler, mais j'espère qu'on parviendra à les apaiser »

Et le gouverneur Drouhet continue, accentuant encore le faux :

« Vu le décret du 21 septembre 1881, « déterminant les formes ~t conditions « dans lesquelles les natifs de l'Inde pour- « ront désormais renoncer à leur statut « personnel et *se fairenaturaliser Français.* » (Nouvelles rumeurs).

Or, ces derniers mots que je souligne ne se trouvent nulle part dans le decret.

Est-ce clair ? Est-ce que vraiment j'ai besoin d'insister devant un jury parisien? Oh ! non, ce qu'il faisait était bien net. il faisait un acte d'agression contre la nationalité de ces vaillants, de ces devoués qui nous aiment, qui ont donné tant de preuves de dévouement à la monarchie française aussi bien qu'à la République et à l'Empire, qui nous sont attachés par le cœur, par un cordon ombilical que rien ne brisera, par le patriotisme le plus ardent à la mere patrie.

Ceux-là, on les rejette subitement.

A la date du 3 janvier 1882, à la veille même des elections sénatoriales, au moment ou la révision des listes va se faire la comme chez nous, parce que la loi entendez-le bien, se pratique chez nos frères de l'Inde comme chez nous, on leur dit · Vous n'êtes pas Français ! Il faudra, pour être Français, il vous faudra ces deux choses : il faudra que vous renonciez à votre statut personnel, et que vous *vous fassiez naturaliser !*

Et je relis, car j'entends un démenti — C'est la première fois que cela m'arrive, parce que j'ai l'habitude de dire la verité. — Je relis sans commentaire « Arrêté promulguant le décret relatif *à la naturalisation des Indiens* »

Voilà donc le décret falsifie dans les termes suivants :

« Nous, gouverneur des établissements « français — (c'est M. Drouhet), — vu le « décret. . du 21 septembre 1881, deter- « minant les formes et conditions dans « lesquelles les natifs de l'Inde pourront « desormais renoncer à leur statut personnel « et se faire naturaliser français ».

Est-ce que j'accuse le décret de faux ? J'accuse le faussaire Le faussaire, c est l'auteur de cet arrêté qui va s'appliquer tout-à-l'heure, le faussaire, c'est M. Drouhet

Vous retiendrez, messieurs les jurés, ces mots : et se *faire naturaliser français*, qui ne se trouvent nulle part dans le décret présidentiel. voilà le faux.

Et quand on me donne un démenti, c'est là un de ces traits d'audace, c'est là la preuve que M. Drouhet est un de ces hommes qui ne reculent devant aucun moyen, comme le disait hier un témoin.

Mais, est-ce que ce decret, cette falsification a eu des consequences ! Oui, nous allons les voir. Quatre ou cinq cents Indiens ont accepté et ont renoncé à leur statut personnel. — Quels étaient ces Indiens? Messieurs, c'est tout simple ·C'étaient les parias C'étaient les miserables qui sont, dans la civilisation indoue, tout-à-fait au bas de l'échelle sociale et dont le sort excitait hier l'attendrissement d'un témoin

Ils se sont figures, avec le décret falsifié par le gouverneur, qu'en se faisant naturaliser français, ils changeaient leur condition, puisque la France ne reconnaît pas de parias ni de classe aristocratique : tous les Français sont égaux devant la loi. Ils étaient 4 ou 500; et comme il y a 58 000 Indiens qui n'avaient pas renoncé à leur statut personnel, ces 58 000 allaient se trouver rayes des listes électorales

Et alors, se passe un phénomene extrê-

mement curieux. On monte à l'assaut des
justices de paix ; ils arrivaient par cinq
cents et par mille protester contre l'obligation de renoncer à leur statut pour être
français. (eux qui sont français depuis deux
siècles, de très bons français), parce que
cette obligation attaquait leurs croyances
et qu'il y a une chose qu'il faut respecter
dans toutes les colonies, aussi bien dans
les colonies françaises comme celle-ci que
parmi ces Arabes et ces Annamites dont
nous parlerons tout-à-l'heure, et que, bien
à tort, M. Drouhet a fait semblant de confondre avec les Indous, il y a une chose qu'il
ne faut pas attaquer, c'est la religion
L'homme, sous quelque climat qu'il soit,
sur quelque motte de terre du globe que ce
soit, l'homme tient à ses croyances reli-
gieuses. Il n'y a que dans les civilisations
avancées que l'on rencontre des indifférents
en matière de religion, des hommes qui ne
se preoccupent pas de l'idée religieuse, qui
ont une religion que je considere comme la
plus parfaite, la religion de la tolerance et
du respect des convictions d'autrui

Mais, dans une civilisation comme celle-
ci, quand nous avons en face de nous cette
civilisation archi-séculaire, ou des hommes,
pour continuer a appartenir à cette religion,
acceptent de passer leur existence dans la
condition de *parias*, mot qui est devenu synonyme de tout ce qu'il y a de plus abaissé,
de plus écrasé, de plus miserable ; dans ces
pays-là, l'homme tient à sa religion car sa
religion, c'est sa vie, et il place même sa
religion au dessus de sa vie. Et alors, tous
ces hommes, tous ces chefs Indous, toutes
ces castes, toutes ces tribus n'avaient point
accepté de renoncer à leur statut pesonnel,
parce qu'ils tiennent à leurs croyances reli-
gieuses, parce qu'ils tiennent à respecter les
prescriptions de leur religion. Et ils montent
a l'assaut des justices de paix. Est ce vrai ?
J'ai les dépêches telégraphiques qui l'établissent et j'ai l'affiche de M. Drouhet qui
viole la loi — la loi française applicable
dans l Inde, qui la viole une seconde fois
avec un sans-façon dont vous apprecierez la
portée

Et, en effet, Messieurs, notre loi française prescrit que les discussions sur la
question électorale soient réglées par les
juges de paix en 10 jours de temps. Ainsi,
le juge de paix, quand nous avons des difficultés, quand le nom d'un électeur a eté
omis sur les listes électorales, le juge de
paix est tenu de juger la question dans les
10 jours, et la Cour de cassation dans un
délai qui est déterminé.

Savez-vous ce qu'il fait, M Drouhet ? Il
viole effrontement la loi

« Le maire de Karikal (c'est l'affiche),
est heureux de porter à la connaissance du
public le télégramme suivant, que M le
Gouverneur vient d'adresser à M. le chef
de service ·

« Les electeurs n'ont à craindre aucune
« déchéance par suite du délai.

« Tous seront cités et entendus indivi-
« duellement.

« Le juge a, pour prononcer, *tout le*
« *temps necessaire.*

« *Il n'y a pas de délai fatal.*

« *Informer le public.*

« Karikal, 15 février 1882 »

Or, l'on sait que la loi accorde aux juges
de paix 10 *jours* pour prononcer sur les
demandes en radiation des listes électorales. En faisant afficher cette dépêche,
M. Drouhet *a violé la loi.*

Aussitôt, la justice de paix de Karikal
est assiégée ; 20,000 électeurs demandent
leur maintien sur les listes.

M⁰ Allou et M. Drouhet  — 16,000 electeurs.

M⁰ Gatineau — Ainsi, il y avait eu,
dites-vous, 16,000 électeurs qui demandaient
leur réinscription. Eh bien, y a-t-il 16,000
justices de paix ? Combien y en a-t-il ? Il y
en a une seule. Mais, dans les quelques
jours qui se sont passes, 13 ou 16 000 électeurs — c'est le chiffre que dit M Drouhet—
ont demandé leur maintien ou leur réta-
blissement sur les listes.

D'ailleurs vous avez, dans les dépêches,
la preuve de l'exactitude de ce que j'avance.
Et c'est alors que les sentences sont ren-
dues. On se pourvoit en cassation, et en
cassation, sur la plaidoirie de M Hérisson,
le ministre des travaux publics que vous
avez entendu hier, on reconnaît que les
Indiens avaient raison, que l arrêté du gouverneur qui les privait de leur droit électoral s'ils ne se faisaient pas naturaliser,
était une de ces tentatives odieuses, une de
ces abominables entreprises de haine et
d'hostilité, une de ces manifestations de la
plus exécrable et de la plus mauvaise administration ; car cette falsification, faite par
le gouverneur, ne pouvait que nuire à la
colonie.

Vous voyez donc bien, Messieurs, qu'il a
été exécuté, son arrêté, qu'il a été exécuté
malgré le décret, qu'il n'y a à cet égard-là
aucun doute.

## IV

**En falsifiant le décret, le gouverneur Drouhet a-t-il été de bonne foi ?**

J'ai maintenant à établir devant vous qu'il n'était pas de bonne foi. Cela résulte déjà pour vous de la lettre de M Michaux, et cela va résulter d'un souvenir que je prends dans l'audition des témoins d hier. M Berlet, sous-secrétaire d'Etat au ministère de la marine, vous disait, sur une question de M. Drouhet, — c'est très intéressant, parce que cela révèle le caractère de l'homme dont vous avez à apprécier les actes — M. Drouhet disait « Je demande à M le sous-secrétaire d'Etat si on n'a pas envoyé une dépêche confirmant mon arrête et ordonnant de ne rien faire » M. Berlet répond : « Je n'aurais pas parlé de cela, mais puisque M Drouhet m'en parle, je suis obligé de dire la vérité : il est parti deux dépêches, l'une disant de ne pas toucher provisoirement à M Haas et de ne rien changer, et l'autre disant qu'il fallait au plus vite modifier l'arrêté du gouverneur, respecter le décret du gouvernement, faire disparaître la falsification. »

Ainsi, M Drouhet avait eu cette habileté de créer une équivoque sur deux dépêches distinctes et dont le sens a été clairement établi par la déposition de M Berlet.

Voilà l'homme et ses procédés ! Nous en verrons bien d'autres.

En même temps, il résistait à la dépêche du ministère de la marine, tellement qu'on fut obligé d'envoyer un commissaire général de la marine, M Portier, lequel, à peine arrivé, fit la rectification que M. Drouhet avait refusé de faire Et alors, voici cette rectification qui détruit le faux et ses conséquences, et qui rassure provisoirement les Indiens :

« Cabinet du gouverneur (c'est du 18 avril, ainsi vous voyez que M Drouhet avait résisté longtemps), au lieu de « Ar- « rêté promulguant le décret relatif à *la* « *naturalisation des Indiens* », lisez · Arrêté qui promulgue le décret autorisant les natifs des deux sexes à *renoncer a leur statut personnel.*

« Avons decide et décidons ·

« Dans le paragraphe premier du préambule de l'arrêté du 3 janvier dernier, les mots · « et se faire naturaliser français » sont supprimés. Cette suppression aura lieu partout ou ledit acte a été enregistré et transcrit »

C'est à ce moment que M. Drouhet a été rappelé.

Pourquoi ? On va peut-être persister à dire que ce n'est pas à cause de ce fait, que c'est à cause de M. Haas Mais M le sous-secrétaire d Etat nous a éclairés M. Drouhet a été rappelé parce qu'il avait falsifié le décret, il a été rappelé parce qu il avait résisté pendant trois mois M. le sous-secrétaire d'Etat l'a dit, et vous qui pretendez avoir la bienveillante protection de M l'amiral Jauréguiberry, pourquoi ne l'avez-vous pas fait assigner ?

Vous avez bien dérangé un ministre, M de Mahy ; vous auriez bien pu en déranger deux Pourquoi n'avez-vous pas appelé M Jauréguiberry pour vous défendre ici ?

Nous, nous avons fait assigner celui qui avait dans ses attributions ce service spécial le sous-secrétaire d'Etat, M Berlet. Les sous-secrétaires d'Etat, dans les ministères, — je vous dis cela en passant, — ont le personnel dans leurs attributions Le ministre a les grandes affaires, les affaires générales : mais le personnel de fonctionnaires répandus sur toute la surface de la France et de nos colonies, ces fonctionnaires sont, dans tous les ministères sans exception, sous la direction du sous-secrétaire d'Etat C'est un sous-ministre Donc, les fonctionnaires sont dans ses attributions, et comme c'est M Berlet qui avait ce département, nous l'avons appelé.

L'adversaire s'en est bien gardé; mais cela ne l'a pas empêché d'invoquer hier la haute protection de M. l'amiral Jaureguiberry, et de combler l'amiral d'éloges qu'il serait bien surpris d'entendre, car il n'a pas, ni lui, ni M Michaux que je sache, ni M. Berlet, encouragé M Drouhet à commettre l'abus considérable et frauduleux qu'il a commis dans les circonstances que vous connaissez maintenant.

Aussi, il s'est bien gardé de l'appeler, et rien n'est plus commode que de faire parler un absent.

Mais j'ai dit que M Drouhet n'avait point été de bonne foi Et voilà ! Je l'ai déjà établi par la lettre de M Michaux, lettre contemporaine de l envoi du décret que j'ai eu l'honneur de vous lire tout-à-l'heure, lettre qui était parfaitement claire, qui lui défendait d'employer le mot *naturalisation*, attendu que les Indiens etaient Français.

Mais ce n'est pas tout Cette mauvaise foi résulte aussi de ce qu'il a été trois mois à faire quoi que ce soit, de ce qu'il a laissé ces malheureux Indiens dans l'obligation de se pourvoir en Cour de cassation, et d'être défendus par M. Hérisson, qui s'est exprimé dans des termes très énergiques sur le compte du gouverneur Mais, en outre, je trouve dans les journaux officiels la preuve qu'il a été averti avant, pendant et après

Voilà le *Journal officiel de l'Inde*, du 29 novembre 1881, et voici le passage. Ce sont des instructions envoyées à M. Drouhet afin qu'il exécute le décret du 21 septembre ·

« Dans un article paru dans son numéro du 29 octobre dernier, le journal *le Moniteur universel*, faisant allusion au récent décret du gouvernement, ayant pour objet de réglementer la renonciation des Indous au statut personnel, se méprend sur le caractère et la portée de cet acte. L'auteur de cet article semble, en effet, croire que l'encouragement donné aux indigènes qui se rapprochent de notre civilisation, et, par là, resserrent les liens qui unissent la population de l'Inde à la famille française, a pour but et pour effet de priver des droits politiques qui leur ont été concédés par les décrets de 1840, de 1873 et par la Constitution, les natifs de l'Inde qui n'ont pas cru devoir faire acte de renonciation à leur statut personnel.

« C'est méconnaître complètement les intentions du gouvernement, et il n'est besoin, pour rétablir la vérité sur ce point, que de citer les instructions données par le ministre à ce sujet (dépêche du 14 octobre dernier) · « Tout en se montrant sympathique au mouvement qui semblait, à un moment donné, pousser une partie des natifs vers la renonciation au statut personnel, c'est-à-dire vers une assimilation plus complete, mon departement a toujours considéré que cet acte, si digne d'encouragement qu'il soit, ne pouvait constituer un privilège politique exclusif en faveur de ceux qui l'accomplissaient ; autrement dit, il ne lui a jamais paru possible de priver du droit de représentation au Parlement ceux des natifs qui, non moins attachés peut être-a la cause française, mais moins éclairés sur leurs véritables intérêts et plus esclaves d'institutions séculaires, se sont tenus à l'écart de ce mouvement et ont entendu demeurer en possession d'un état que le temps a consacre La question, d'ailleurs, n'est pas entière. En effet, depuis dix ans, la population de l'Inde française, sans distinction d'origine, de religion ni de caste, jouit du droit electoral. Songer à lui en contester le bénéfice, dans la pensée qu'elle pourrait en user dans un sens contraire à la politique libérale, serait, de la part du gouvernement de la République, accomplir une sorte de spoliation.

« J'estime donc qu'il convient de maintenir la situation acquise et de bien faire comprendre aux habitants de l'Inde que le gouvernement de la République qui, à deux reprises, les a dotés de la representation au Parlement, ne saurait consentir à leur enlever un droit dont ils ont toujours usé avec intelligence et patriotisme. »

« Ce langage si precis et si formel ne peut laisser place à aucune interprétation Le gouvernement est disposé à favoriser dans nos établissements toutes les renonciations aux privileges qui font de l'Inde une société aristocratique et immobile, en contradiction avec nos institutions et nos idées republicaines ; mais il entend que ce mouvement d'assimilation se produise par le jeu même des libertes politiques accordées aux Indous et sans porter atteinte aux droits que, par une anticipation généreuse, il a concédés sans distinction à tous les habitants de notre colonie. »

Comment se fait-il qu'avec de pareilles instructions, alors qu'on lui interdisait de prononcer le mot « naturalisation » de peur d'inquieter les Indiens, comment se fait-il que M Drouhet l'ait prononcé, imprimé et executé ?

Mon adversaire me fait des signes d'approbation, mais ce sont des signes de condamnation. Non seulement vous êtes averti par une lettre privee, et par cette longue instruction que je vous ai lue tout entière et qui a precede la falsification dont nous nous plaignons et que nous avons relevée ; non seulement cela, mais vous avez reçu une dépêche formelle de M. le sous-secrétaire d'Etat, qui en a déposé sous la foi du serment avec clarté, dont la parole n'est pas suspecte, à la probité duquel on ne peut que rendre hommage, — et d'ailleurs il porte le meilleur des certificats, que tout le monde n'a pas l'honneur d'avoir, il a une honnête figure et une bouche qui exprime d'honnêtes sentiments

Et vous en avez ete averti, et vous avez prononcé le mot de naturalisation, et vous l'avez appliqué, et vous avez fait commencer les radiations, et vous avez obligé les malheureux Indous de se précipiter au nombre de 15 ou 16,000 dans les justices de paix et de défendre en cassation leur qualité de Français, qui leur appartenait en vertu des décrets de 1848 et de 1871

Voilà ce que j'avais à dire, Messieurs Tout cela est net ; mais ce n'est pas tout J'ai encore une lettre de M. Rouvier, parce que, à un moment donné, par cette institution considérable qu'on a appelée le grand Ministère, on a enlevé les colonies au ministere de la marine et on les a réunies au ministere du commerce. Il est vrai qu'on avait séparé le commerce de l'agriculture ; en d'autres termes, on avait créé deux ou trois nouveaux ministères, parce que, (je ne peux pas vous le cacher), il y a beaucoup plus d'amateurs que de ministeres.

Alors, M. Rouvier s'est donc trouvé ministre des colonies, le ministre de la marine ayant perdu ces attributions. M Rouvier a également écrit à M. Alype, et on va voir dans quel sens.

« 16 janvier 1882.

« Monsieur le député et cher collegue...

Mᵉ Allou — Cela n'est pas signifié.

Mᵉ Gatineau. — C'est signifie, et puis on n'a pas besoin de le signifier J'ai signifie les pièces etablissant la verite des faits ; voici maintenant des pièces qui répondent aux contestations de mon adversaire.

« Monsieur le depute et cher collègue,

« Au moment où il est procede dans l'Inde à la révision des listes électorales, vous avez cru devoir insister auprès de mon departement *pour qu'aucune modification* ne puisse être apportée à la législation en vigueur sur cette matiere.

« J'ai l'honneur de vous informer que *M Drouhet a reçu à cet égard les instructions les plus precises*

« Agréez, etc.

« *Signé* : ROUVIER. »

Voici donc comment il les a executées, ces instructions Vous voyez quelles en ont ete les conséquences, et vous voyez, Messieurs, quelles inquiétudes la conduite de M. Drouhet inspirait au gouvernement.

Voici donc quelles sont, sur un premier point, les explications que j'ai à vous fournir. Elles sont decisives, et c'est, Messieurs à cette occasion, quand M. Drouhet, le gouverneur de l'Inde, contrairement à son devoir, résistant à ces instructions, désobéissant à son gouvernement, s'est preparé à rayer plus de 50,000 Français, de ces Français que vous connaissez, dont je vous parlais tout à l'heure avec une emotion qui se comprend, s'est preparé à priver de leurs droits électoraux 50,000 électeurs et à nous exposer à perdre une colonie. . — Voyons, si tous ces hommes, sous le coup d'une premiere indignation et sous l'action de la cruelle injustice dont ils etaient menacés, si tous ces Français, nos frères, si tous ces Français s'étaient révoltés ; s ils avaient passé sur les possessions anglaises ; si, au moment où nous avions si grand besoin de ne pas fournir l allumette qui aurait peut-être mis

le feu aux poudres ; si au moment où s'agitaient cette question de Tunisie, cette grave expédition de Tunisie, cette question de l'Egypte, ou nous avons pousse l'abstention trop loin, dont le reglement est si difficile, quand nous avons en face de nous les Anglais : si, à ces deux questions-là — je ne parle pas des autres, je pourrais en indiquer un tres grand nombre, entendez-le bien — si à ce moment-là nous avions eu une revolte des Indous ; si une des plus considerables de nos colonies, l'Inde, à ce moment, avait pris feu, nous rencontrions là une fois de plus les Anglais ! Et qui donc nous eut précipités dans des difficultés internationales dont les conséquences auraient eté incalculables ? Qui donc nous y aurait precipités ? le Drouhet que voilà ! (Sensation prolongée )

Et alors, c'était un devoir pour M. Alype, c'était un devoir de rejeter de son cœur et de son affection cet homme qu il avait aimé et estime d'une affection et d'une estime d'enfance Oui, c'était un devoir pour lui, et s'il ne l'eût pas fait, il aurait non pas seulement manque à son devoir de depute et de mandataire, il se fût montre un mauvais Français. — C'est là une faute qu'il ne commettra jamais !

V

**M. Pierre Alype a-t-il eu raison d'attaquer le gouverneur Drouhet au sujet du décret falsifié ?**

Eh bien ! nous avons, dans notre premier article, nous avons attaque cette question-là Et voici comment nous l'avons attaquee. Après avoir fait au ministere les demarches que vous connaissez, après avoir insisté, après avoir dit qu'il était impossible que M. Drouhet, qui continuait à resister, restât plus longtemps ; et après que le gouvernement, de son initiative, non pas pour telle raison que le ministere public developpait tout a l'heure avec une energie si convaincue, énergie dont les bases lui manquent à l'heure qu'il est, et une conviction qui s'est necessairement écroulée sous les revelations précises et positives qui viennent d'être faites à cette barre, ou se fait entendre en ce moment, je vous le jure, l'expression de la verite ! Après que le gouvernement, dis-je, se fût décidé a rappeler M. Drouhet, eh bien, qu'est-ce qu'il fait, M. Alype ? M. Drouhet est rappelé On a envoye M. Portier dans l'Inde. Quand on a rappele M Drouhet, on a dit à M Alype :

Mais il va être révoqué ; on va examiner sa conduite, il va s'expliquer !

Il s'est rendu, lui. M Drouhet, chez M Berlet. sous-secrétaire d'Etat, qui n'a consenti à le recevoir qu'une seule fois, et il en est sorti la tête basse, de chez M. Berlet ! Et si ce que j'avance là n'est pas cru par vous, Messieurs les jurés, je prie M le président de s'inspirer de vos intentions, et M Berlet reviendra vous declarer dans quel sens il a déposé et en quelle estime il tient le gouverneur de l'Inde. (Vive sensation).

Me Gatineau regardant M. Drouhet : vous ne demandez pas que M. Berlet revienne à la barre dire ce qu'il pense de vous. La cause est jugée.

Eh bien ! nous avons fait un article là-dessus. C'est l'un de ceux qui sont poursuivis Mon adversaire hier, pendant qu'il plaidait, sentant tres bien qu'il lui était absolument impossible d'arriver à produire une justification quelconque sur l'énormité que je viens de mettre en lumière, mon adversaire disait, — dans un langage tres énergique, très imperatif, — il disait : J'entends que vous ne mettiez pas le pied sur le domaine de cette affaire, et voici quelles étaient ses expressions que j'ai copiees au passage · « J'entends maintenir le debat sur les passages incrimines, je n'entends pas le laisser devier ; je ne veux plus entendre parler du décret, (j'ai copie) ; j'interdis que M. Alype nous donne des explications sur ce passage de l'article qui parle du décret et qui n'est pas incriminé »

Quelle défense hautaine et singulière ! Mais, c'est un aveu ! Vous ne voulez pas que j'en parle, evidemment parce que la consequence de la conversation que nous aurons ensemble sur ce point, c'est la condamnation de votre client Et vous ne voulez pas que j'en parle, et vous invoquez une question de droit pour m'interdire d'en parler.

J'ai d'abord à vous dire que la loi sur la presse en prescrivant cette obligation de procédure, n'a pas entendu limiter le droit de la défense ; elle a voulu assurer au débat sa loyaute et nous avons observe à cet égard toutes ses prescriptions sans en négliger aucune ; mais elle n'a pas entendu restreindre le droit de la défense, Et quand je trouve dans un article un passage accablant pour le plaignant, j'ai le droit de le relever, puisque l'article est poursuivi. — Mais je ne veux pas qu'on en parle, dit l'adversaire, je ne poursuis pas ce passage spécial — Pardon, vous ne le poursuivez pas ?

Vous poursuivez l'article depuis le premier mot jusqu'au dernier, j'ai votre citation sous les yeux. et à cet égard, il ne peut pas y avoir de contestation, il n'y en a aucune.

Mais, puisqu'il ne peut pas y avoir de contestation. pourquoi donc cette defense de discuter le point à examiner ? Je le répète, c'est parce que M. Drouhet est comme les gens qui doivent de l'argent et qui ne veulent pas régler leur compte. (Rires prolongés.)

Il ne tient pas à règler ce compte-là, parce que le passif va être gros contre lui . il me permet de le reconnaître, et il me place dans une situation telle qu'il est impossible qu'il echappe

Voyons l'article.

Je vais vous lire tout entier l'article, parce que ce que vous avez a apprécier, ce n'est pas une phrase, une bribe, un débris je ne sais quelle scorie de la discussion ; ce n'est pas cela que vous avez à apprécier, c'est l'ensemble de l'article. Et voyons si après ce que je viens de vous raconter, apres avoir fait disparaître ce fantôme de M. Haas, qui a ete rappelé dans les circonstrnce que vous savez, parce qu'il était insuffisant et qu'il s'était gravement compromis en politique, ce n'est pas non plus M. Haas qui a ete la cause de la rupture de M. Alype avec M Drouhet, puisqu'il resulte des declarations de M. le sous-secretaire d'Etat, puisqu'il resulte des pieces authentiques que je viens de lire, que cela vient de la falsification du décret du 21 sepiembre 1881, qui a justement exaspéré le deputé de l'Inde.

Voyons si, après ce fait que je viens d'exposer, nous avons eu raison d'écrire cet article. Ma demonstration ne sera pas bien longue ; voyons s'il y a quelque chose de mensonger, et s'il y a de la mauvaise foi, je réponds par la lecture de cet article ; voyons si je n'ai pas à invoquer contre M. Drouhet, des jugements qui ont conserve toute leur autorité et que j'ai vu avec peine attaqués par d'honorables citoyens qui portent la robe de magistrat et dont l'un était témoin à cette barre.

Et bien, messieurs, voici donc le premier article incriminé. Je le lis tout entier ; voici cet article, c'est celui du 14 fevrier.

### Les exploits de M. Drouhet

« M. Drouhet est cet honnête gouverneur des Indes françaises, fletri plusieurs fois par l'administration et par les tribunaux de l'île de la Réunion, pour excès de probité dans l'exercice de ses fonctions, dont toute la presse s'entretient depuis quinze jours et dont tout le monde, à la Chambre des députés, a lu le casier judiciaire.

« M. Drouhet, nommé gouverneur de l'Inde par je ne sais quelle grâce divine ou humaine, a résolu de troubler cette colonie si douce, si pacifique, si profondément attachée à la France, par les mesures les plus arbitraires, les plus vexatoires, les plus odieuses.

« Vous allez en juger tout de suite par les deux faits suivants :

« M. Drouhet est chargé de promulguer dans l'Inde un décret du Président de la République. Vous croyez sans doute qu'il le publiera textuellement, tel qu'il l'a reçu de Paris Pas du tout; il le modifie, le dénature complètement, dans le but d'offenser le patriotisme des Indiens.

« Le décret du Président de la République dit ceci : « Dans les établissements « français de l'Inde, les natifs des deux « sexes, de toutes castes et religions, *pour-* « *ront renoncer a leur statut personnel* » Et M Drouhet, de sa propre volonté, foulant aux pieds les instructions ministérielles, y substitue ce qui suit :

« Les natifs de l'Inde pourront désor- « mais renoncer à leur statut personnel et « *se faire naturaliser français.* »

« Le décret du Président de la République ne parle pas de naturalisation, et pour cause, puisque les Indiens dont il s'agit sont nés de parents français, sur un territoire français dont l'attachement à la métropole ne s'est point démenti une seule fois depuis deux siècles.

« Mais qu'est-ce qu'un décret du Président de la République pour M. Drouhet, pour cet homme qui a servi l'empire avec passion pendant dix-sept ans, et qui, après le coup d'Etat du 2 décembre, envoyait à Napoléon une adresse des plus chaleureuses où on lisait ces mots · « Sire, vous êtes le « *régulateur du monde,* vous êtes un *genie* « *national nécessaire.* »

« Le même homme, dans un autre écrit resté célèbre, soutenait cette these cynique qu'on devait toujours avoir deux opinions: une *opinion personnelle* et une *opinion professionnelle*

« Nous irions loin, si nous voulions rappeler toutes les volte-faces politiques de ce bonapartiste qui affiche à cette heure tant de mépris pour les décrets du Président de la République.

« Le ministère, rendons-lui cette justice, n'a pas hesité à blâmer la conduite de M.

Drouhet et lui a envoyé tout de suite l'ordre de rapporter son arreté du 3 janvier. Le ministère a compris tout ce que cet arrête pouvait avoir d'offensant pour la population si française de l'Inde, et il s'est empressé de réparer la faute commise par son infidele agent. Nous l'en remercions sincèrement.

« Mais ce n'est pas tout. En ce moment a lieu dans l'Inde, comme en France, la revision des listes eleclorales politiques. Or, M. Drouhet n'aime pas le suffrage universel, et cela se conçoit; quand plusieurs fois dans sa vie on a été flétri par les tribunaux pour excès de probité, on ne peut souffrir le contrôle des deputés, des sénateurs et des conseils électifs.

« Que fait M. Drouhet ? Au mépris des instructions ministérielles qui lui ont été transmises à cet effet, au mépris des lois constitutionnelles et des décrets qui reconnaissaient à tous les Indiens, nés sur le territoire français, le droit de vote, il pousse les juges de paix à décider que ces mêmes Indiens ne sont point électeurs et à prononcer leur radiation des listes electorales.

« Il est certain que les décisions des juges de paix seront annulées, puisque la loi est là, et qu'elle devra être respectée envers et contre la volonté de M Drouhet; mais cet état de choses n'en est pas moins fâcheux a cause de l'agitation profonde qui règne d'un bout à l'autre de la colonie

« Mais heureusement les Indiens sont avant tout patriotes ; quelles que soient les provocations dont ils sont l'objet, ils ne se départiront pas de leur calme; ils comptent sur la justice du gouvernement républicain, et ils n'ont pas tort d'y compter.

« En effet, nous sommes heureux de leur annoncer que le ministere vient de decider la mise à la retraite d'office de M. Drouhet.

« Cette nouvelle, nous en sommes sûr, causera une grande satisfaction dans toute l'Inde française. Il appartenait a un ministere honnête, comme celui que préside l'honorable M. de Freycinet, de rendre à la vie privée le vertueux M. Drouhet.

« Pierre Alype. »

Il y avait quinze jours que les journaux de Paris s'entretenaient de ces faits qui avaient frappé tout le monde, qui avaient desolé tout le monde, qui avaient effrayé tout le monde. qui avaient désesperé ceux qui ont la mission et le devoir de veiller à nos intérêts supérieurs. Nous disions · mais c'est le plus grand malheur qui puisse nous arriver en ce moment-ci; nous avons cette question de Tunisie, nous avons cette question d'Egypte qui est si difficile à régler, nous avons tout cela ; mais vous nous avez mis dans un véritable désespoir : c'était un acte funeste que l'acte de M. Drouhet.

Vous remarquerez, Messieurs, qu'il n'y a pas un mot dans cet article qui ne porte pas, qui ne soit pas vrai : c'est ce que je pourrais appeler la photographie de la situation, et on pourra contester tant qu'on voudra, mais je fais un appel à votre mémoire ; votre attention bien soutenue me prouve qu'en ce moment je n'ai peut-être pas besoin de revenir sur les faits que je vous ai fournis sur les documents que je vous ai lus, et sur la démonstration qui vous a été hier indiquée par M. Berlet, dans les circonstances les plus désobligeantes pour M. le gouverneur de l'Inde

Mon adversaire a déclaré pour cet article qu'il n'en voulait pas parler, qu'il abandonnait la prévention. Le ministère public, dans son impartialité que vous avez pu apprécier, n'a pas cru devoir s'arrêter à la discussion de cet article

Mᵉ Allou — Mais, pardon, où avez-vous vu cela ? C'est un de nos griefs et un des plus considérables Un mot seulement · nous n'avons pas relevé de griefs politiques par l excellente raison que la politique n'appartient pas au débat actuel, que la conduite du gouverneur appartient au gouvernement, et que vous aviez, comme député et journaliste, le droit de la discuter également, mais nous vous avons demandé compte de vos allégations diffamatoires et l une des plus graves, c'est celle qui figure en tête de l'article du 14 février dont nous n'avons pas retenu le fait politique, mais la diffamation abominable

Mᵉ Gatineau — Je veux bien retenir le fait, mais vous me défendiez d'en parler. Comment ! c'était une diffamation de s'occuper de cet article, et maintenant que je m'en suis occupé, l'attaque change de terrain ! Je ferai à mon adversaire cette seule observation, c'est que quand on tente de faire dévier le débat, quand on entend interdire l'examen de l'objet de cet article, évidemment, c'est qu'on sent qu'on n'a pas d'appui

Mᵉ Allou. — La déviation du débat, c'est la discussion sur la politique ; c'est la diffamation qui est en cause.

Mᵉ Gatineau. — Vous avez parlé longuement, je vous prie de me laisser la même liberté. Ce n'est pas vous, du reste, qui dirigez le débat.

M. le Président. — Il n'y a pas de déviation à cet égard Continuez

Mᵉ Gatineau. — Vous remarquerez que M. Alype a signé cet article. Il ne signe pas habituellement ses articles, mais il a signé celui-ci par une sorte de procédé très honnête et très chevaleresque, parce qu'il est de ceux qui écrivent au grand soleil et qui exercent leurs droits sans rechercher les ténebres, sans se cacher derrière les murs.

## VI

### Le dossier du gouverneur Drouhet.

Mais nous avons un deuxième article intitule : *Le Dossier d'un Gouverneur* Nous allons, messieurs, examiner cet article qui comporte quatre parties, c'est un article du 21 février, nous allons l'examiner et nous allons voir s'il y a là la moindre mauvaise foi à imputer à M Alype, et s'il n'a pas été, comme la loi le lui permet, comme c'est son droit, son devoir, s'il n'a pas été l'expression exacte de la vérité.

« 21 février *Le dossier du Gouverneur.*

« Enfin, c'est fait, M. Drouhet, gouverneur des Indes françaises est rappelé .... . »

Vous voyez qu'il ne dit plus qu'il est révoqué, mais qu'il est rappelé, parce que le Gouvernement avait modifié ses premieres intentions.

« Le conseil des ministres, après mûre réflexion, a pensé qu'il ne pouvait maintenir à son poste ce triste fonctionnaire, sans porter atteinte à la dignité du gouvernement républicain ; nous l'en felicitons.

« Maintenant il nous reste un devoir à remplir, c'est de mettre sous les yeux du public, le dossier du vertueux M. Drouhet. »

Et, en effet, c'était un devoir impérieux · M. Drouhet protestait, fomentait le mécontentement dans la colonie, *clabaudait*, si je puis me servir de l'expression. Il allait chez tous les députés l'un après l'autre, chez tous les sénateurs, il assaillait de ses visites et de ses suplications, car je ne connais pas de famille plus ardente dans ses intrigues, plus persévérante dans ces questions de sollicitation que la famille Drouhet.

Et alors, il s'agissait de ne pas laisser M. Drouhet se créer une armée de protecteurs trop puissants. Pourquoi? Parce que la fameuse interpellation qui avait été empêchee aurait été faite

Mon honorable adversaire disait, — blâmant la manière dont procède le gouvernement, dont les choses se passent, oubliant que le gouvernement républicain, comme cela est naturel, sous ce rapport, n'a fait que suivre la tradition de tous les gouvernements qui l'ont précédé, parce qu'il est bien évident que le député ou le sénateur a le droit absolu d'exercer son contrôle, puisqu'il a été nommé pour cela et pas pour autre chose, mon adversaire a paru l'ignorer. je le regrette, mais cela s'est passé ausssi sous ce régime qui s'appelait l'Empire, qui nous a donné un certain nombre d'années de prospérité, et dont la fin, dont les dernières années ont été déplorables et aussi lamentables que possible, les choses se passaient absolument de la même manière, et cela ne peut pas être autrement, — mon adversaire disait : mais il ne faut pas que le ministre redoute les interpellations.

Il ne les redoute pas. Qu'est-ce qu'a dit M. Berlet · « Quand M. Pierre Alype m'a menacé d'une interpellation dans laquelle il ferait connaître tout ce qui concerne M. Drouhet, j'ai déclaré que je ne défendrais pas M. Drouhet, et que je donnerais ma démission, plutôt que de le défendre, c'est-à-dire que j'ai trouvé que la cause de M Drouhet était mauvaise. »

Voilà ce que M. Berlet, sous-secrétaire d'Etat, a déclaré en toutes lettres, très clairement, très énergiquement : il a déclaré qu'il ne soutiendrait pas M Drouhet à la tribune et qu'il donnerait sa démission, plutôt que de défendre un pareil homme.

Eh bien, oui, et c'est un grand malheur que M. Alype n'ait pas persisté, car il aurait pu dire à la tribune cent fois la vérité qu'il a mise dans son journal, qu'il n'y aurait absolument aucun moyen de lui en savoir mauvais gré, parce qu'il serait protégé par la Constitution, mais il ne l'a pas fait, parce qu'il a eu un restant d'affection pour M Drouhet ; il a eu en même temps le désir de ne pas chercher une querelle dont le dénouement pouvait ébranler la situation de l'un des sous-secrétaires d'Etat du ministère Freycinet, de ce ministère très libéral, de ce ministère très modéré, très sage, de ce ministère que toute la France avait accueilli avec faveur, et qui est tombé sous une coalition dont je n'ai pas à vous parler, je ne veux pas faire de politique, il a montré du dévouement, il a agi avec esprit de sacrifice ; et lui en savoir mauvais gré, c'est évidemment aller plus loin que la situation ne le comporte. Je continue la lecture de l'article ·

« Avant d'être gouverneur dans les Indes françaises, M Drouhet a été pendant 17 ans proviseur au lycée de Saint-Denis (île de la Réunion), puis inspecteur d'académie dans la même colonie

« En 1869, on s'aperçut d'un déficit considérable dans la caisse du lycée : on constata notamment qu'avec l'assentiment du proviseur, M. Drouhet, l'économe portait chaque année au budget des dépenses une somme de 6 000 fr. nullement justifiée ; ces 6 000 fr. étaient *destinés a acheter l'ail que cent pensionnaires* étaient réputés consommer. C'était par trop scandaleux ! L'économe fut, pour ce fait, traduit devant la cour d'assises et condamné à cinq ans de prison. »

Messieurs, ce n'est pas pour ce malheureux économe, qui paraît avoir joué dans cette affaire un rôle très secondaire comme le jury de la Réunion l'a compris, ce n'est pas pour ce malheureux économe que j'aurais désiré les sévérités de la justice Il a eu seulement six mois de prison Mais le fait que l'économe a eu six mois de prison au lieu de cinq ans, comme nous l'avons écrit, ne peut excuser en quoi que ce soit les représailles de M. Drouhet Il ne s'agit pas de l'économe, il s'agit de M Drouhet. Il y a eu là une erreur commise de très bonne foi.

Quant aux 6 000 fr. d'ail, tout au plus peut-il y avoir une difficulté sur le chiffre, l'un des anciens proviseurs du lycée de la Réunion, M. Moulun nous a dit que c'était 1.200 fr. Mais, messieurs, avec 1 200 fr. d'ail, on donnerait la mauvaise haleine à toute l'armée française ! (Rires prolongés )

Vous croyez cela, vous croyez qu'on achète pour 1.200 fr. d'ail ⁹ Eh bien, on a mis 6 000 fr ; il paraît que c'était 6 000 fr. qui était le chiffre. Mais si mes adversaires me disent : c'est 1.200 fr., ce n'est pas 6 000 fr., je viens vous répondre que le fait existe, et je suis tout prêt à m'asseoir et à laisser mon adversaire me répliquer à moitié de ma plaidoirie Ce n'est pas que je sois trouble, ce n'est pas que je craigne, mais j'ai peur que, par un attrait tout naturel, vous ne portiez votre attention sur ces interruptions plutôt qu'à ma démonstration.

Eh bien que ce soit 1 200 fr ou 6.000 fr., le fait est identique. Mettons 1 200, mais c'était 6.000, et dans le document du temps, le chiffre a été soumis à M Alype. Mais, comme dit M. Moulun, c'était seulement 1.200 fr. soit, cela est absolument sans intérêt ; mais, au surplus, quant au rôle exact qu'a joué M. Drouhet, nous allons le voir indiqué dans la suite de l'article. Il faut le prendre dans son ensemble et voir s'il est loyal, et si surtout M. Alype a usé de son droit, car c'est son droit, en faisant connaître M. Drouhet :

« Quant à M. Drouhet, l'acte d'accusation publié au *Moniteur de la Réunion* .. »

Ainsi vous voyez bien que tout ce qu'il a dit sur l'econome ne regarde pas M. Drouhet, il va parler de M. Drouhet; l'économe ne craint pas, par une bonne raison, c'est qu'il est mort je crois, de chagrin de cette affaire Eh bien, voyez s'il dit la vérité, comme c'est son droit

« L'acte d'accusation publie au *Moniteur* de la Réunion, visait M Drouhet en ces termes :

« Ce qu'il faut surtout regretter, c'est que ce haut fonctionnaire (l'inspecteur), n'ait pas compris tout ce qu'il y a de coupable dans la conduite de l'accusé ; car toutes ces sommes portées sur le registre comme payees, alors qu'elles ne l'etaient pas, sont autant de faux par lesquels ce dernier cherchait à cacher ses détournements »

Voila ce que dit l'acte d'accusation · c'est un fort reproche de négligence, et il dit : il est fâcheux que l'inspecteur n ait pas compris que ce sont autant de faux. Je n'ai pas besoin de savoir si M. Drouhet a eu tort de comprendre ou de ne pas comprendre; je reproduis un *document officiel*, qui a reçu la publicité, que j'ai le droit de reproduire, parce que j'ai le droit de faire connaître la vérité, car si c'était un simple particulier, je serais condamné, mais j'attaque un fonctionnaire, et c'est mon droit absolu de faire connaître le fait sur lequel je m'appuie, quelque désagreable qu'il soit pour le fonctionnaire.

« Comment donc, continue l'acte d'accusation, alors que de pareils faits lui étaient signalés, M l'inspecteur a t-il pu répondre que c'étaient là des dettes personnelles et qu'il fallait leur laisser ce caractere ..»

En effet, l'acte d'accusation a raison d'indiquer que M. l'inspecteur Drouhet a le tort de dire que des detournements opérés à l'aide de faux constituaient de simples dettes personnelles à l'économe.

« Il faut, une fois de plus, continue l'acte d'accusation, regretter que pendant une période de six années, il n'y ait eu ni contrôle, ni vérification, et que l'économe ait été si complètement abandonné à lui-même. »

Eh bien, voilà la limite du rôle de M Drouhet déterminée.

« En outre, au cours des débats, M Drouhet fut, à plusieurs reprises, severement blâmé pour defaut de vigilance »

Eh bien ! M Alype reste en deçà de la vérité ; M Drouhet n'a pas été seulement sévèrement blâme pour defaut de vigilance, mais le procureur genéral lui a dit, en pleine audience, à diverses reprises, cela est dans le *Moniteur de la Reunion*, lequel est l'organe officiel de la colonie « ce n'est pas au banc des témoins que vous devriez être, vous devriez être sur le banc des accusés »

Me Allou. — C'est lui qui a dit cela

Me Gatineau. — Et M Drouhet répondant · je ne repondrai pas à ces questions si vous ne m'envoyez pas sur le banc des accusés. Les deux choses ont eté dites · un des temoins hier s'est exprimé avec clarté a ce sujet, et, s'il y a doute, je supplie la Cour de faire venir le numero qui est indiqué ici, du Ministère de la Marine, on y verra que M Drouhet a été incriminé au débat, qu'il s'est même incriminé lui-même; et que, comptant sur l'état de la procedure, sur l'impossibilité de réunir des preuves directes contre lui, il a bravé l'autorité publique représentée par le Ministère public, et il a dit lui-même : je ne répondrai pas à ces accusations, à moins que vous ne me fassiez placer sur le banc des accusés

C'est là un acte d'audace, mais M Alype vous l'a-t-il reproché ? M Alype est resté en deçà de la vérité.

« En outre, au cours des débats, M Drouhet fut, à plusieurs reprises, séverement blâme pour défaut de vigilance »

Je ne crois pas, Messieurs, que, dans un debat aussi aigu, on ait eu à rencontrer une pareille réserve, une pareille moderation qui est la meilleure preuve de la bonne foi de M Alype, de sa loyauté et de sa parfaite modération Continuons :

« A la suite de ce jugement et d'une enquête faite sur la gestion du lycee, le gouverneur, M l'amiral Dupré, comprit qu'il ne pouvait conserver un pareil fonctionnaire et le 7 mai 1869 il prenait l'arrêté suivant :

« Nous, gouverneur de la Réunion,

« Avons arrête et arrêtons :

« M Drouhet (Theodore-Julien), inspecteur de l'instruction publique, est admis à faire valoir ses droits a la retraite

« Saint-Denis, 7 mai 1869

Ainsi, l'article continue par la simple reproduction d'un arrêté de l'honorable amiral Dupré dont on a paru faire un peu bon marché dans l'examen et dans la discussion de l'article dont je donne lecture

« M. Drouhet protesta publiquement contre cet arrête ; il prétendit qu'on l'avait indignement sacrifié et qu'on ne lui avait même pas laisse la faculté de se défendre.

« Alors le gouverneur envoya aux journaux de l'île de la Reunion le *communiqué* suivant, que nous retrouvons dans le *Journal officiel* du 20 mai 1869 :

« Dans une lettre adressée par M. Drouhet a l'editeur de la *Malle*, et reproduite par ce journal, M. Drouhet affirme que l'arrêté du 7 mai a été rendu par M. le gouverneur sur la seule invitation du directeur de l'Intérieur, et sans la coopération du conseil privé

« Cette assertion est completement inexacte, le conseil privé a examine, dans cinq séances consécutives, les griefs reprochés à M. Drouhet Ce dernier a eté entendu durant trois séances, et toute latitude lui a été donnée pour qu'il pût presenter ses moyens de justification. »

Admirez cette audace. Il nie que le Conseil prive se soit occupe de son affaire ; il affirme que sa révocation est un acte *proprio motu*, un acte de volonté privée et solitaire de l'illustre amiral Dupre, l'un des serviteurs les plus remarquables du précédent gouvernement

Il conteste tout cela, et M. l'amiral Dupre répond : vous avez été entendu pendant trois séances !

Je vous laisse à penser de quelle audace et de quel dedain dans le choix des moyens fait preuve M. Drouhet. Ce dernier a ete entendu pendant trois seances, et toute latitude lui a ete donnée pour qu'il pût presenter lui-meme ses moyens de justification !

Ou est donc celui qui altere la verite, ou est donc celui qui trompe ? De quelle part émane donc une protestation fausse et mensongere ? Ce n'est pas de la part de M. l'amiral Dupré, que je sache, et je vous avoue que je suis tout dispose à croire que c'est M. l'amiral Dupre qui dit la verité, d'autant plus qu'il y a un document officiel et qu'il y a les proces-verbaux des seances. Mais ce serait M. l'amiral Dupré qui mentirait ! j'en demande pardon à la mémoire du brave amiral, je n'en pense pas un mot

M. Alype n en dit rien, M. Alype dit que le communiqué a été mis dans les journaux, il le reproduit tout simplement, et il le reproduit parce que c'est le document essentiel du debat, et qu'il répond aux objections de M. Drouhet :

« L'arrêté qui admet M. Drouhet à faire valoir ses droits à la retraite n'a été pris qu'à la suite et *en conformite* de l'avis formellement exprime par le conseil. Si le dispositif de cet arrêté n'est précedé d'aucun considerant et ne renferme pas cette mention : *le conseil privé entendu*, il ne faudrait pas en induire, ainsi que le fait M. Drouhet, que le conseil prive ait refusé de s'associer à la mesure prise contre lui le 7 mai *L'omission de cette mention et l'absence de motifs sont dues simplement a un reste d'égards pour d'anciens services.* »    (*Communiqué*)

Mais je m'adresse au ministère public. Il ne croit pas que cela constitue chose jugée administrativement ; mais si cela ne constitue pas chose jugée administrativement en quoi donc M. Alype qui la reproduit mot pour mot, syllabe par syllabe, en quoi donc M. Alype serait il responsable ?

Vous avez à choisir dans vos consciences, Messieurs les jures, car cela n'est pas dans le débat, entre l'affirmation de l'illustre amiral Dupré et la negation de l'illustre (illustre d'une autre façon) de l'illustre M. Drouhet : et que vous décidiez (votre decision est prise), que c'est l'accusé, le condamne administrativement qui dit la verité, que c'est l'amiral qui ne dit pas la vérité, quand il affirme que M. Drouhet a tort de contester l'existence de l'examen du Conseil prive, quand il a eu cinq seances pour se défendre et qu'il a, par sa comparution personelle, occupe trois de ces seances, vous deciderez, a cet egard-là, ce que vous voudrez, vous direz . j ai plus de confiance dans M. Drouhet (c'est une supposition a laquelle je ne crois point) ; mais, quoi que vous decidiez, M. Alype a publié un document exact, il l'a publie même sans commentaire. Il a fallu que sa disposition d'esprit fût calme, pour qu'il pût s'abstenir de faire un commentaire ; il faut vraiment que sa plume n'ait pas eu de grandes demangeaisons, que sa modération d'esprit soit considérable pour qu'il se soit dispensé de faire ce commentaire.

Nous avons les commentaires de la defense et nous avons les commentaires de l honorable organe du ministère public ; mais je vous le dis a cet égard, je crois que ma preuve est faite, qu'elle est complete, et je passe à la deuxième partie.

## VII

### Jugement rendu en 1873 contre M. Drouhet.

*Deuxieme jugement.* — C'est l'affaire de 1873 Veuillez bien écouter. A cet egard, j'ai entendu avec une surprise extraordinaire contester l'existence de ce jugement qui existe, j'ai entendu avec une surprise extraordinaire des magistrats venir deposer contre une sentence judiciaire, solennelle ; j'ai entendu avec une sorte de chagrin ces mêmes magistrats substituer leur opinion, leur appréciation, leur sentiment personnel à la décision de justice solennelle et bien motivée que vous avez entendue.

Oui, j'ai éprouvé quelque chagrin et aussi quelque surprise. On me disait, on me donnait à entendre hier que c'était un rôle nouveau pour moi que de défendre un jugement ; c'est vrai. Quand mes clients vont à la Cour, je défends le jugement qu'ils ont obtenu quand j'ai gagné leur procès : mais, quand j'ai perdu leur procès, si je crois que les juges se sont trompes, j'attaque le jugement ; quand le jugement est là, devant la cour, il est l'objet de la discussion il appartient à tous les vents de la contradiction. Ce n'est pas, comme le disait le ministère public, par une expression heureusement euphemique, ce n'est pas une feuille de chêne, c'est une sentence respectable dans laquelle a pu se glisser l'erreur, la contradiction, mais c'est une sentence que des avocats sont appelés à discuter.

Le ministere public a apprécie et la Cour a jugé souverainement ; vous avez là un jugement qui est debout, un jugement merveilleusement motivé, rendu par les juges du lieu, par des gens connaissant les personnes et l'affaire, ayant entendu des temoins, parce qu'il y a eu enquête, comme vous le verrez, et vous avez là une chose absolument irréprochable comme constatation, et j'ajoute que, ne fût-il pas irréprochable, comme M. Alype l'a transcrit fidèlement, il n'a fait qu'user du droit qu'il a contre un fonctionnaire qu'il attaque et poursuit jusqu'au châtiment.

Voyons la sentence, et vous allez voir si elle mérite d'être traitée de feuille de chêne. Cette sentence, en voici le texte :

« En 1873, autre affaire scandaleuse. Un journal de la Réunion, la *Malle*, signale de nouvelles malversations commises par M Drouhet pendant sa gestion au lycée. M Drouhet lui intente un procès en diffamation ; le tribunal acquitte le journal, et rend contre l'ancien proviseur un jugement des plus sévèrement motivés. »

Le ministère public nous a dit que malversation était synonyme de vol ; c'est une doctrine nouvelle qui n'a jamais figuré dans aucun code, ni dans aucun commentaire, parce que malversation peut signifier indélicatesse, chose fâcheuse, aussi bien que

vol ; et dans l espece il ne s'agit pas de vol ; il s'agit d'un fait qui incrimine M Drouhet et dont il est absolument l'auteur ou le complice, comme vous allez le voir tout à l'heure. Donc, oubliez que ce mot de malversation est synonyme de vol, cela n'est exact ni en grammaire, ni en aucune langue, ni juridiquement.

Je poursuis ma lecture :

*Jugement rendu par le tribunal de première instance de Saint-Denis, dans son audience publique correctionnelle du jeudi 13 février 1873 :*

« En ce qui concerne l'attaque dirigée par de Souville contre Drouhet père, en sa qualité d'ancien proviseur du lycée de la Réunion :

« Attendu que cette attaque se trouve résumee et précisee dans le numero du journal la *Malle* du 7 novembre dernier en ces termes :

« En juin 1863, l'économe du lycée em- « prunte à M. Rayeur une somme de 10,000 « francs qu'il verse dans la caisse de l'eta- « blissement. Pour quoi et en vue de quelle « nécessité cet emprunt est-il contracté? Si « nous en croyons M. Drouhet, c'est unique- « ment parce que l'économe avait promis à « l'administration de lui fournir un chif- « fre de recettes qu'il avait précedemment « déterminé. »

Vous voyez l'explication qui déjà demonte tout l'échafaudage de M. Drouhet sur cette affaire de 10,000 fr. M. Drouhet a déclaré que c'était pour fournir un chiffre de recettes promis et pour tromper sur le total. Je continue :

« Si nous nous en rapportons à d'autres rumeurs, c'est plutôt parce qu'il était indispensable que la rentrée des rétributions collégiales atteignît un certain chiffre, *pour elever d'autant le traitement éventuel du proviseur et des autres membres du personnel enseignant* »

Voilà l'imputation contenue dans le journal (*la Malle*) tres clairement, avec la mention de l'opinion de M. Drouhet et des autres rumeurs qui sont, celles-là, plus graves, puisqu'elles incriminent l'indélicatesse de M. Drouhet.

« Attendu que Drouhet père considère à bon droit l'articulation produite dans ce passage et développee dans un autre article comme attentatoire à son honneur et à sa considération ; qu'il est fondé, sans aucun doute, à y voir une diffamation parfaitement caractérisée ;

« Attendu d'abord, qu'il est reconnu entre les parties, qu'une somme de 10,000 fr., empruntee du sieur Rayeur par le sieur Oudin, econome du lycée, sous la garantie de Drouhet père, alors proviseur, fut versée par l'économe Oudin dans sa caisse, à la date du 23 juin 1863;

« Que ce versement, opéré avant la clôture définitive des comptes du lycée pour l'exercice 1862, eut pour effet de porter à 200,266 fr 20 c. le chiffre des rentrees et de faire figurer sur les livres de l'etablissement un excédant de recettes de 7,671 fr 54 c.; »

Ainsi voici bien l'opération qui est faite, qu'aucun arrêt de cassation ne peut faire disparaître et dont aucun arrêt de cassation n'a pu faire justice, qui est le fait matériel bien établi, c'est qu'au mois de juin 1863, pour ne pas avoir un compte en déficit, on fit entrer 10,000 francs dans la caisse par un apport entre l'économe et M Drouhet, l'un étant souscripteur du billet, c'est l'econome, et M Drouhet donnant son passé-ordre au profit du billet Rayeur.

L'introduction de ces 10,000 francs au mois de juin avait obligé d'élever les recettes de 1862, c'est-a-dire de l'annee qui finit au 31 décembre 1862.

Il y avait donc déjà un véritable faux en ecriture puisque ce qui est incontestable, a l'abri des arrêts de la Cour de cassation, c'est qu'on avait fait entrer, pour ne pas avoir au 31 decembre une somme en débet, en déficit, au mois de juin 10,000 francs, afin d'avoir un excedent de 7,671 fr 54 Rien ne peut effacer cela, les chiffres ont eté releves par le tribunal sur les livres et ils l'ont éte en francs et centimes même.

Je continue :

« Que, deux mois après, le 22 août pour se rembourser, l'économe prit jusqu'à concurrence de 10,000 francs sur les rentrees operees et afferentes à divers exercices anterieurs; »

Je m arrête là une seconde Les adversaires me disent : c'est une avance qui a été faite à des parents qui etaient en retard

Comment ! on commet un faux pour faire une avance à des parents qui sont en retard, qu'on n'a pas vus! Et le jugement dit · Ce n'est pas cela du tout, c'est parce qu'on allait clore les comptes de 1862, qui se soldaient en debet, et alors on emprunte les 10,000 francs qu'on va faire figurer au moment du reglement de compte et que l'on retirera aussitôt que le tour sera joué.

Voilà qui n'est pas naturel, parce que, enfin, s'il fait l'avance pour les parents à la date du 23 juin 1862, ces 10,000 francs pourquoi les retire-t-il deux mois après le 22 août?

M. Allou. — C'était bien simple

Mᵉ Gatineau — C'était bien simple ! Je vous assure que je n'ai pas l'art de dire les choses de façon à séduire les adversaires, mais je sais ce que je veux dire et ce que les juges ont établi d'une façon désormais inattaquable :

« Qu'ainsi s'établit au dire de Souville, le but intéressé de la manœuvre par lui signalée, qui aurait occasionne un préjudice notable au Trésor :

« Attendu qu'à l'appui de ces assertions, il a avancé dans son journal et prouve à l'audience. »

Ah ! ce jugement est une feuille de chêne ' C'est une plaque de marbre, ou se trouve gravée la honte de M. Drouhet, et la constatation de ces faits sera desormais une autorité equivalente aux tables des lois, surtout pour des magistrats qui ne sont pas chargés d'infirmer des sentences et des decisions respectables de justice.

« Il a avancé et prouvé à l'audience par les déclarations tres précises à ce sujet du te moin Rayeur (c'est le monsieur qui avait avance ces 10,000 francs pour permettre de faire un bon tour aux finances du lycée)

« Tres précise à ce sujet du témoin Rayeur parfaitement désintéressé dans la question, que le prêt de 10,000 fr., consenti par le dit sieur Rayeur, a ete fait au lycée, et que le billet à ordre constatant ce prêt, a été souscrit par le sieur Oudin, en sa qualité d'économe, et garanti par Drouhet pere, en sa qualité de proviseur. »

Pour que l'économe qui n avait aucune autre raison que celle de tromper sur les recettes definitives, eût fait une avance aux parents, il faudrait que l'argent eût été prêté à l'économe; mais l'argent ne lui est point preté; Rayeur « qui *est bien et completement désintéressé* » est appele par les magistrats à leur banc, et Rayeur dit : « c'est au lycee que j'ai prêté » Et il fournit une preuve eclatante, une preuve qui, hier, a failli nous échapper, car j'ai été obligé d'interrompre le débat pour dire : mais il n y avait pas qu'un souscripteur pour le lycee, il y avait l'endos du proviseur ?

Ah ! oui, si vous voulez, me répondait-on de l'autre côté de la barre. Je crois bien que je le veux: c'est ce qui donne à ce billet la forme la plus accusatrice contre M. Drouhet, répondant avec l'econome d'un prêt qui est fait pour grossir les recettes du lycée, comme nous le verrons tout-à-l'heure, et cela par une opération constituant un véritable faux en écritures.

Voyons comment il a fait cette preuve. Comme l'affaire remonte à 1862 ou 1863 et que nous sommes en 1873, dix ans se sont donc écoulés. Le bon Rayeur aurait pu peut être se tromper, mais Rayeur avait garde le billet; comprenez-vous? Il a montré le billet :

« Qu'il a démontré, pièces en mains, que le 13 février 1862, lors de la préparation du budget particulier du lycée pour l'année courante, il fut convenu en conseil d'administration, sur la déclaration du proviseur Drouhet, que les ressources du lycée justifiaient cette augmentation, de porter de 1,500 à 2,000 fr. le traitement éventuel de chaque professeur, et de 3,000 à 4,000 fr. le traitement supplémentaire du proviseur. »

Ainsi toutes les explications qui vous ont été données par les deux défenseurs de M. Drouhet, je me sers d'un terme impropre) par l'un des défenseurs de M Drouhet et par le ministère public (Rires prolongés), tombent devant cette constatation du fait qui a été faite par un tribunal tout entier Et que dit Rayeur? « Il a démontré, pièces en main... »

Me Allou. — C'est de Souville, ce n'est pas Rayeur.

Me Gatineau. — Attendez, Rayeur a été introduit ; mais il ne faut pas m'interrompre pour cela

« Attendu qu'il a démontré, pièces en main. »

Rayeur dit : J'ai prêté à la caisse du lycée et j'ai prêté pour augmenter les recettes, et la preuve que j'ai prêté à la caisse, malgré les dénégations de M. Drouhet, c'est que voici le billet

« Il a démontré, pièces en main, que, le 13 février 1862, il fut convenu en conseil d'administration, sur la déclaration du proviseur Drouhet, que les ressources du lycée justifiaient cette augmentation de porter de 3,000 à 4,000 fr. le traitement supplémentaire du proviseur. »

Ne croyez pas, Messieurs, que M. Drouhet ne gagnait que 3 ou 4.000 fr , il avait un traitement fixe qui atteignait une douzaine de mille francs, sans compter les accessoires : le logement, l'éclairage, etc.

Ainsi il est donc bien démontré, bien établi, que M. Drouhet avait obtenu une augmentation de 4.000 fr. par an, en déclarant que les ressources du lycée permettaient cette augmentation :

« Que, en vue de cette délibération, et sur assurances formelles et précises qu'elle contenait, le gouverneur rendit une décision conforme le 17 mars 1862. »

Ainsi le conseil académique se réunit, M. Drouhet dit : nous gagnons de l'argent, les recettes sont suffisantes, vous pouvez augmenter mon traitement de 4.000 fr. et de 500 fr. celui des professeurs » Je rappelle que le traitement éventuel était fixé chaque année. On le fixe à 4.000 fr. et le gouverneur prend une décision :

« Que plus tard, en 1863, époque de la clôture définitive de l'exercice de 1862, les recettes ne suffisant pas à couvrir les dépenses, on *imagina* de rétablir l'équilibre par le versement de cette somme de 10 000 fr. empruntée dans les circonstances ci-dessus. »

Ah ! nous marchons. Voilà le tribunal qui affirme qu'on a *imaginé ce moyen.*

Et, en effet, c'était le meilleur moyen de faire disparaître, pour l'année 1862 qui allait se terminer, ce déficit de 7.700 et des francs que je vous indiquais tout-à-l'heure, de tromper le gouverneur sur la recette, de l'empêcher de revenir sur un arrêté qu'il avait rendu sur une assurance mensongère de M. Drouhet.

Ce moyen consistait à mettre de l'argent dans la caisse jusqu'à ce que le chiffre de 200.000 fr. qui avait été dépassé précédemment fût, cette année-là, couvert et même dépassé. Le tribunal continue :

« On imagina de rétablir l'équilibre par le versement de cette somme de 10 000 fr »

Eh bien ! voilà pourquoi il avait emprunté les 10 000 fr., et quant à cette fable ridicule d'un prêt fait par l'économe pour acquitter la dette de parents qu'on ne nomme point et qu'on ne connaît pas, elle ne peut se soutenir un seul instant devant le tribunal qui a sous les yeux des témoignages, des pièces qui établissent que le prêt avait été fait à l'économe, mais pour le collège, avec les deux signatures de l'économe et de M. Drouhet, le proviseur, que ces 10.000 francs étaient pour couvrir un déficit afin de ne pas voir rapporter l'arrêté de 1862 qui augmentait de 4.000 fr. le traitement de M. Drouhet

Et là-dessus on fait comparaître ici de braves professeurs qui gagnaient aussi à cette combinaison un supplément de traitement de 500 fr. Comment voulez-vous que ces honnêtes gens qui n'ont pu retenir de tout cela que le profit qu'ils en ont retiré, soient venus déposer hier contre M Drouhet et dire : Ah ! grand Dieu, oui, le tribunal a eu raison de flétrir M. Drouhet, car il nous a fait avoir un bénéfice de 500 fr. que nous n'aurions pas eu autrement ? Est-ce qu'ils pouvaient faire cela ?

Il est vrai qu'il y a une trentaine de professeurs qui ont été frappés par lui et qui n'ont peut-être pas les mêmes bonnes dispositions à son égard. Cela résulte d'une brochure que j'ai là sous les yeux ; mais enfin on conçoit que les autres ne pouvaient faire autrement que d'approuver une chose qui leur rapportait un bénéfice fort légitime puisqu'ils n'entraient pas dans la combinaison.

« Attendu que de ces faits incontestables, de Souville était autorisé à tirer cette conséquence, que le versement des 10.000 fr., concerté entre le proviseur et l'économe du lycée, avait pour but d'aligner les recettes et les dépenses, et de présenter en clôture d'exercice un solde créditeur au profit de cet établissement ;

« Attendu que, d'un autre côté, tout porte à croire que, si la situation véritable des finances du lycée, lors de l'apurement des comptes de l'exercice de 1862, avait été connue du conseil d'administration et du gouverneur, l'augmentation de traitement supplémentaire du proviseur et du traitement éventuel des professeurs, inaugurée en 1862, et pour cette année-là seulement, n'aurait pas été maintenue pour les années suivantes ; que, du moins, le proviseur Drouhet pouvait concevoir des inquiétudes à cet égard ;

« Attendu que ce *n'était point dans l'intérêt de la colonie* que l'économe, avec le *visa* du proviseur, son contrôleur naturel et légal, présentait à l'administration *des comptes établis de façon a mettre sa vigilance en défaut.* »

C'est le jugement, et il raisonne avec une logique admirable. Mais non, *ce n'était pas dans l'intérêt de la colonie,* c'était dans l'intérêt du traitement de M. Drouhet, car il en tirait un boni de 4.000 fr. d'une façon définitive. Cela mettait au contraire, à la charge de la colonie, une somme de 11.000 francs environ, destinée à l'augmentation des traitements du provisenr et d'une vingtaine de professeurs.

Voilà qui est parfaitement clair, et quand le tribunal tire en excellent langage les conclusions que vous savez, je crois qu'il est inutile d'insister parce que ce serait une superfluité et que l'évidence même est démontrée « et surtout à balancer des comptes de façon à mettre sa vigilance en défaut. » On ne s'en est pas aperçu, il n'était pas facile de s'en apercevoir, les livres étaient

réguliers, il y avait une passation d'écritures qui s'établissait par une sortie et une entrée de sommes, il y avait enfin une régularité apparente qui mettait le contrôle en défaut ; il s'en est aperçu plus tard parce que M. de Souville a su mettre le doigt sur la plaie :

« Attendu qu'il reste acquis aux débats que le proviseur pouvait toujours être atteint dans son traitement supplémentaire, aussi bien que les professeurs dans leur traitement éventuel, dans les années suivantes, *et que c'est en vue de conjurer ce résultat qu'au mois de juin* 1863, *le proviseur Drouhet s'est associé à l'économe Oudin dans la mise en pratique de l'expédient décrit et caractérisé plus haut.*

« Qu'il y a donc lieu de déclarer que, de ce chef, de Souville doit être relaxé des fins de la plainte, puisqu'il a administré la preuve que la loi mettait à sa charge ;

« Par ces motifs :

« Relaxe Ch. de Souville du chef de prévention relatif à l'incident désigné sous la qualification de *billet Rayeur.* »

Mais tout cela serait faux, la fable ridicule, je le répète, produite pour indiquer que l'économe éprouve le besoin de prêter 10.000 fr. à des parents que l'on ne nomme point, le 23 juin, et de les retirer le mois de juillet suivant, cette fable ridicule serait-elle admise (et elle ne l'est point), que M. Alype est garanti par la chose jugée, il a publié un document qui est debout, qui existe dans son intégrité. Il en résulte donc que la bonne foi de M. Alype ne peut pas être mise en question et je n'ai pas même besoin de plaider, puisque je me trouve en présence d'un jugement, pour accabler le vertueux gouverneur de l'Inde, M. Drouhet. (Marques d'approbation dans l'auditoire.)

Ici on m'a fait une objection de palais. L'honorable organe du ministère public regrette, messieurs, que vous soyez des hommes du monde, il voudrait que vous fussiez des jurisconsultes.

Messieurs, vous êtes nos jurés, et dans une affaire de ce genre, j'ai la confiance que vous êtes à la hauteur de la mission que la loi vous a confiée, et il n'est pas besoin d'être jurisconsulte pour comprendre les combinaisons du vertueux gouverneur Drouhet, pour comprendre comment, par un emprunt factice et une passation falsifiée d'écritures, il arrive à se maintenir un avantage de quatre mille francs. Mais vous seriez jurisconsultes, messieurs, que vous comprendriez exactement de la même manière.

Il y a là un jugement : je l'ai reproduit dans son intégrité, sans commentaire.

Ce jugement flétrit, oui, il flétrit énergiquement M. Drouhet pour une malversation très habilement combinée, mais d'un ordre absolument inférieur au point de vue moral et il constate cet abaissement, cette déchéance du proviseur qui a eu recours à cette combinaison frélatée d'écritures pour réaliser un bénéfice de quatre mille francs par an quand il a déjà une position superbe, splendide (vive agitation dans l'auditoire).

Ah ! c'est ainsi, Messieurs les jurés, que l'on regrette que vous ne soyez pas jurisconsultes. Et pourquoi cela ? Qu'est il arrivé à l'égard de ce jugement, dont pas un seul fait n'a été détruit. de ce jugement rendu par les juges de l'île de la Réunion qui ont vu les personnes, ont eu les preuves en main et à la fois le billet Rayeur et M. Rayeur lui-même, les documents et la délibération du conseil d'administration, ainsi que l'affirmation de M. Drouhet, qu'on gagnait plus d'argent qu'on en demandait, que peut on avoir à reprocher à un jugement rendu dans de pareilles conditions ?

Vous allez voir comme cela est sérieux. Le jugement est frappé d'appel, qu'est-ce qu'il arrive ? il est confirmé.

La Cour reconnaît que M. Drouhet, d'accord avec son économe, a fait un emprunt dans les circonstances que vous savez et a ainsi trompé la vigilance de l'administration de la colonie. Elle accepte, la Cour, la totalité des constatations de fait composant le jugement ; seulement elle commet une erreur de droit parce qu'elle veut être favorable dans une certaine limite à M. Drouhet. Elle s'est dit : après tout, pourvu que M. de Souville soit de bonne foi, pour être acpuitté, est-il bien nécessaire que nous affirmions qu'il y a dans le jugement une véritable diffamation, c'est-à-dire l'accusation de faits constituant des délits et des choses déshonorantes ? Eh bien, mûs par un sentiment de pitié pour M. Drouhet, les juges disent : ce sont des injures.

Vous sentez très bien que M. Drouhet, condamné par cette sentence, condamné à payer les dépens de sa condamnation, dépens qu'il a payés (interruption de la part de M. Drouhet).

Me Gatineau se tournant vers M. Drouhet :

Eh bien, vous avez une dette que vous ferez bien d'acquitter si vous ne l'avez pas fait. (Rires prolongés.)

M. Drouhet, dis-je, est flétri par ce juge-

ment. Quel est donc l'homme d'honneur, qu'il soit jurisconsulte, ou un honnête et loyal citoyen placé dans le commerce ou dans l'industrie, quel est donc le citoyen qui voudrait qu'on lui reprochât de pareils actes ? Quel est donc le citoyen qui voudrait être flétri par le reproche de pareilles malversations ?

Et alors la Cour a dit : nous allons dire que ce sont de simples injures ; et cela le dégageait. Il aurait dû se contenter de cette décision évidemment favorable ; il aurait dû être content et satisfait autant qu'on peut être content et satisfait quand on s'est vu dévoilé publiquement. Mais non, la Cour avait été trop indulgente dans l'appréciation de droit. En effet, que l'on dise à l'un de nous qu'on l'a traité de voleur, de faussaire, de canaille, de coquin, nous ne sommes pas bien déshonorés ; vous connaissez le proverbe : il n'y a qu'à donner un coup de brosse et il n'y paraît plus rien ; mais qu'on lui dise, au contraire, qu'il est tout cela et qu'on précise ces imputations dans une sentence, alors il est deshonoré.

La Cour a dit que c'était une simple injure ; vous avez voulu vous relever, M. Drouget, c'est audacieux. Et alors on se pourvoit en cassation. Mais la Cour de cassation ne touche en quoi que ce soit à la sentence dont je viens de vous donner lecture et l'analyse, jamais, entendez-le bien, jamais, au grand jamais. La Cour de cassation, dont je vais tâcher de retrouver très rapidement l'arrêt, a maintenu les faits en disant que la qualification d'injures était insuffisante et qu'il y avait là une véritable diffamation. Elle n'a pas dit que les faits n'étaient pas vrais, elle ne pouvait pas le dire ; elle a dit seulement qu'ils étaient mal qualifiés. Voici l'arrêt dont je vais vous donner lecture :

M. le Président :

Me Gatineau, nous pourrions suspendre l'audience.

Me Gatineau :

Messieurs les jurés sont peut-être fatigués, mais moi je déclare que je ne le suis pas du tout. J'en ai, du reste, pour peu de temps encore.

Me Gatineau donne lecture de l'arrêt de la Cour de cassation et continue en ces termes :

Et qu'est-ce que cela signifie ; c'est d'une clarté complète. L'arrêt de la Cour que l'on nous reproche de ne pas avoir publié, reproduit exactement les constatations du jugement que nous avons publié et que nous avons publié seul. Nous l'avons publié seul parce que nous ignorions l'arrêt et que nous n'avons pas retrouvé dans la bibliothèque du ministère de la marine et des colonies l'arrêt de cassation. Mais la Cour de cassation se contente de dire que ce que l'on a publié contre M. Drouhet, ce n'est pas une simple injure, mais une diffamation, c'est à-dire un fait précis et déterminé.

Les premiers juges avaient bien jugé; la Cour d'appel de l'île de la Réunion a adopté une qualification trop indulgente, la Cour de cassation casse l'arrêt.

Le ministère public et mon adversaire ont fait une exclamation à laquelle je réplique. L'arrêt de la Cour de cassation, tel qu'il m'a été signifié par M Drouhet, je ne serais pas fâché d'en voir le texte, l'arrêt dit qu'il n'y a de réserve qu'au point de vue des intérêts civils; sous ce rapport, il est cassé; mais la Cour maintient l'arrêt sur tous les faits matériels qu'elle vise et cet arrêt de la Cour de cassation est motivé.

Mais enfin, c'est clair, que voulez-vous? et alors on me dit: Ah! mon Dieu, mais vous auriez dû le publier, cet arrêt! Mais, si nous l'avions publié, c'eût été écrasant encore plus. Je ne l'ai pas publié parce que je ne le connaissais pas: Il n'a jamais été publié. Eh bien, donc, c'est établi par cette lecture que je viens de faire: le jugement est entier.

Le ministère public dans son impartialite, que vous avez pu apprécier, dit: c'est une feuille de chêne! Je ne me suis jamais permis de dire cela d'une sentence judiciaire; je ne me suis jamais permis de dire que c'était une feuille de chêne Jamais! une feuille de chou !

Mᵉ Allou. — Une feuille de chêne !

Mᵉ Gatineau. — Toute espèce de feuille, appliquee à une sentence de la justice, dans ma bouche, ne paraîtrait pas respectueuse, et je ne croirais pas devoir employer une pareille expression en présence du ministere public !

Donc, le jugement reste debout. On renvoie devant la même Cour, mais devant d'autres juges

Eh bien ! mais, M Drouhet n'est jamais retourné devant la même Cour et devant d'autres juges. Et il s'en est bien gardé! Et pourquoi n'y est-il pas retourné? Il n'y est pas retourné parce que les faits matériels constatés par les juges du pays dans les circonstances que vous connaissez, sont respectés par toutes les décisions de la justice; ils y restent avec leur caractère de diffamation tels qu'ils se sont présentés devant la Haute Cour, c'est-à dire de faits portant atteinte à l'honneur et à la considération de M. Drouhet. Et s'il s'était présenté devant

une autre Cour, ou du moins devant d'autres juges, c'eût été pour avoir la douleur de voir l'arrêt maintenu avec aggravation (1).

Et le ministère public nous dit : Mais vous êtes de mauvaise foi ! Il fallait publier l'arrêt de la Cour de cassation. Mais si je l'avais publié, j'aurais publié deux fois les injures Voilà tout.

« Mais vous êtes de mauvaise foi ! »

Permettez-moi de dire, Messieurs, que c'est avec une surprise profonde que j'ai entendu ce raisonnement qui avait besoin. afin d'être compris, d'être adressé à des jurisconsultes : moi, je le suis, et je l'avoue, je n'y ai compris absolument rien.

Eh bien! si j'avais publié l'arrêt de la Cour de cassation, c'eût été publier une seconde édition de choses désagréables dont la publication vous déplaît. Si j'avais publié l'arrêt de la Cour de cassation, qui maintient la constatation des faits déshonorants, si j'avais publié cet arrêt, c'eût été encore plus écrasant. Je ne l'ai pas publié parce que j'en ignorais l'existence, parce que je ne l'ai pas trouvé, parce que j'ai trouve le jugement, qu'il est debout, qu'il est précis et que vous aviez un bon moyen, quand la publication en a été faite : c'était de me répondre et de me dire que le jugement n'était pas conforme au texte Mais si, il l'est, et je l'ai pris dans les archives du ministère de la marine et des colonies.

Eh bien, alors, est-ce que le jugement ne fait pas la preuve que les faits reprochés à M Drouhet sont exacts? Est-ce que je ne l'ai pas démontré? Mais je n'ai pas besoin de démontrer ce qui est établi, ce que j'ai besoin de démontrer c'est que j'ai reproduit fidèlement, exactement le jugement qui déshonore le gouverneur de l'Inde, le jugement de 1873.

Il faut vous rappeler, Messieurs, à l'occasion de ce procès gagné par le journal *la Malle*, ce qu'on a reproche à M. Alype. On a dit à M. Pierre Alype : vous êtes un faux républicain! Absolument comme on dit, paraît-il, que je suis, moi, un enragé bonapartiste parce que j'a rendu justice aux actes sages, raisonnés et patriotiques de l'Empire. La calomnie ne peut pas toucher M Alype, ni moi non plus. Elle ne me touche pas beaucoup, j'ai l'habitude de respecter mes adversaires.

_______

(1) NOTA — Le 11 septembre dernier M Drouhet s'est enfin présenté devant la Cour de l'île de la Réunion pour purger son appel; la Cour a rendu un arrêt par lequel elle déclare que son action est *irrévocablement éteinte.*

Vous avez, dit-on à M. Alype, profité d'une décision obtenue par *la Malle*, journal réactionnaire. La réponse est toute simple. Cette décision n'a rien de politique. Elle vise malheureusement M. Drouhet sur des matières que vous connaissez et c'est bien le cas de dire qu'on prend son bien ou on le trouve.

### VIII

#### Opinion des journaux républicains sur M. Drouhet.

J'ajoute que nous allons maintenant voir M. Drouhet attaqué par un journal républicain, le *Journal du Commerce*, de sorte qu'il n'est pas une seule opinion qui n'ait rendu justice à M. Drouhet.

Le *Journal du Commerce*, dont nous allons parler, était le journal de M. de Mahy et de M. Laserve, le sénateur, de M. de Mahy qui est venu hier ici défendre M. Drouhet. Je continue la lecture des pièces que nous avons reproduites. Le 13 février 1873, le journal *le Commerce*, de la Réunion, imprime ce qui suit : « Les dernières séances du Conseil général ont été consacrées à la discussion du rapport de M. Herland sur les comptes d'exercice de l'année 1870 Cette discussion a soulevé des questions très graves, entre autres celle du déficit du lycée. En rendant compte du rapport de M Herland, nous nous demandions sur qui devait peser la responsabilité de ce déficit, qui, à l'heure qu'il est, est encore de 65,000 fr pour la seule année de 1865.

« M. Drouhet, ancien proviseur du lycée et actuellement vice-président du Conseil général, nous a mis lui-même sur la trace de la vérité par l'attitude qu'il a cru devoir prendre dans cette affaire.

« Au mot de déficit, M. Drouhet, que personne, remarquez-le bien, n'avait encore nommé, a bondi sur son siege de conseiller général, et à la façon embarrassée avec laquelle il a répondu à cette accusation, il est visible que l'ancien directeur de l'intérieur, M. de Lagrange, n'est pas seul responsable de ce qui s'est passé alors au lycée.

« Ceci bien constaté, nous devons féliciter le Conseil général d'avoir décidé, malgré *l'énergique résistance* de M. Drouhet, que toutes les pièces de cette affaire seraient mises sous ses yeux. »

Voilà l'article du journal le *Commerce* qui, comme vous le voyez, produit contre M. Drouhet une insinuation assez grave Ce n'est pas M Pierre Alype qui l'a produite, et je n'aurais rien à défendre si je n'avais entrepris une tâche qui dépasse mon devoir et mon obligation, celle de justifier même les journaux déjà acquittés par des sentences judiciaires. Aujourd'hui, c'est le journal le *Commerce*

« M Drouhet poursuit en diffamation le journal *le Commerce*, et le Tribunal correctionnel de Saint-Denis le déboute de sa demande :

« Attendu que le rédacteur du *Commerce*, qui était autorisé par la loi à porter ses investigations et ses critiques sur les actes de la vie publique de Drouhet, en sa qualité d'ancien proviseur du lycée, n'a pas dépassé les limites de son droit de contrôle en formulant ses appréciations à ce sujet, et qu il doit, par conséquent, être relaxé des fins de la plainte de ce chef. »

Voilà ce que disait le journal de M de Mahy et de M. de Laserve, le sénateur. Vous voyez que nous sommes bien loin du temoignage d'hier, du témoignage de M. de Mahy essayant de défendre l'honorabilité de M. Drouhet

Vous remarquerez, Messieurs, que ce jugement est de 1873, rendu par le même tribunal qui, sur un point special, donne raison a M Drouhet, parce qu'il est attaqué là comme simple particulier et que la preuve n'est pas admissible. Par conséquent, il a tort de se plaindre de la justice de juges qui lui donnent raison contre ceux qui l'accusent d'être l'auteur d'écrits calomnieux, parce que, dans ce cas, la preuve n'est pas admise, parce qu'il agissait alors, dans cette espece, non pas comme fonctionnaire, mais comme un simple particuelir qu'il était, après la mise à la retraite dont il avait été frappé.

Ainsi, c'était lui, probablement, l'auteur de la correspondance calomnieuse, mais il ne s'agissait pas d'un fait commis par un fonctionnaire public, on ne pouvait pas le lui dire! On dirait à un homme sortant du bagne : Vous êtes un forçat, on commettrait un délit, parce que le forçat n'est pas un fonctionnaire public et qu'aucune loi ne donne le droit de lui imposer un fardeau que les juges lui ont déjà imposé.

Je constate par ce jugement que quand M. Drouhet se présente comme simple particulier devant les tribunaux, alors que la preuve n'est point admise contre lui, il gagne son procès; et je constate au contraire, que quand il est attaqué comme fonctionnaire public, il perd son procès.

Je continue l'examen de notre article incriminé :

« On lit dans le *Commerce* de l'Ile de la Réunion du 15 avril 1873 :

« L'honorable M. Drouhet ne voulant pas se résigner au rôle prudent qui lui appartient et continuant à froisser le sentiment public sous toutes les formes, le journal du *Commerce se propose de publier prochainement les rapports auxquels a donné lieu, en 1869, la vérification de la gestion du lycée.*

« Cette publication destinée à faire suite au *billet Rayeur*, édifiera le public sur les vertus républicaines et démocratiques du personnage. Puisse-t-elle avoir pour résultat de donner un peu de tact à qui en manque totalement ! »

Voilà ce que le journal le *Commerce*, le journal de M. de Mahy et de M de Laserve, publie très nettement, et, continue l'article, « à la suite de ces menaces M. Drouhet cessa toute polémique contre le journal du *Commerce*, pourquoi? parce qu'il ne tenait pas à voir publier la totalité du dossier », et la preuve qu'il ne tient pas à voir publier le dossier, c'est qu'il attaque M Pierre Alype pour en avoir publié les traits principaux.

On lit dans un autre journal, le *Moniteur de la Réunion*, du 14 mars 1880. — Est-il républicain, celui-ci ?

M. Alype. — Assurément. C'est le journal qui a fait l'élection de M. de Mahy avec le *Journal du Commerce*.

M<sup>e</sup> Gatineau. — Alors, je lis avec plaisir l'article qu'il *consacre à l'illustre M. Drouhet* ·

« Depuis sa récente et piteuse défaite, M. Drouhet est torturé par d'affreux cauchemars ; il s'est sans doute souvenu, en nous répondant, des lugubres projets qu'il nourrissait pour lui-même lors de la douloureuse situation où il s'est trouvé pendant et après les mémorables procès dans lesquels son honneur était engagé et qu'a plaidés victorieusement contre lui son collègue du Conseil général, M<sup>e</sup> Fortuné Naturel. Le billet Rayeur lui trotte encore par la tête et un certain parfum d'ail le grise.

. . . . . . . . . . . . . . . .

« Ainsi l'on a vu M. Drouhet, ce grand républicain démocrate de nos jours, fonder son aristocratique école Joinville où n'étaient point admis les enfants de couleur ».

C'est le *Moniteur* qui parle, et vous voyez que ce républicain ardent a bien au moins deux opinions, comme je le disais, car sous Louis-Philippe, il donne le nom d'un des plus glorieux enfants de Louis-Philippe à son collège : il l'appelle l'*Institution Joinville.*

Le *Moniteur* continue en ces termes :

« On se souvient aussi des circonstances singulières après lesquelles il a quitté soudainement cette école :

« On a vu M. Drouhet proviseur du Lycée chanter sur tous les tons les louanges de Napoléon III et communier. On l'a admiré après le 4 septembre 1870 manger du prêtre chaque jour et accabler de toutes ses malédictions feu Napoléon III.

« Personne même n'a eu plus souvent que M. Drouhet le mot de République à la bouche. Il était intraitable à l'égard de ses collègues du Conseil général qui ne professaient pas sa nouvelle foi politique Mais quand il a été abandonné par plusieurs de ses correligionnaires politiques dont il a perdu peu à peu la confiance, on l'a vu faire alliance avec ses collègues monarchistes ; on l'a vu en outre, *horresco referens*, tendre la main à son collègue Naturel qui n'avait rien négligé devant les tribunaux de la Colonie pour lui faire perdre le bien le plus précieux qu'il pût désirer conserver.

« On a vu M. Drouhet, adversaire du port de la Pointe des Galets, du temps de M. Conil, en devenir le principal défenseur au Conseil général après ses fréquentes et intimes conférences avec M. Pallu de la Barrière

« On a vu M. Drouhet empocher *allright* les 20,000 francs de la trop confiante commune de Saint-Paul pour aller défendre à Paris la cause du port qui était déjà gagnée »

Voici, Messieurs, des accusations très graves ! Et il ne les a pas relevées. Il est conseiller général et il empoche 20,000 fr. pour venir à Paris, et il n'en a pas parlé dans sa défense, il n'a pas attaqué ce journal, qui lui aurait probablement fourni la preuve que je lui fournirai tout à l'heure. A-t-il rendu les 20,000 francs ?

M<sup>e</sup> Allou. — Il les a employés comme il le devait.

M<sup>e</sup> Gatineau. — Il ne nie point avoir reçu les 20,000 francs, mais il se donne un *quitus* dont je me plais à lui donner acte.

« On l'a vu contester en 1878 le droit des occupants des pas géométriques à une indemnité qu'il avait été le plus ardent à revendiquer en 1875 ;

« On voit aujourd'hui M. Drouhet attaquer l'administration de notre Directeur de l'intérieur actuel qu'il soutenait naguère avec tant de chaleur. Mais chacun connaît ici la cause de ce revirement subit. M. Drouhet *voulait* être nommé maire de Saint-

Denis. La haute administration n'a pas trouvé juste de déposséder le docteur Le Siner de la mairie qu'il occupait depuis huit ans à la satisfaction de la majorité, comme l'indiquaient nettement les libres suffrages des électeurs. On se souvient des agissements de M. Drouhet en 1875 pour arriver au même but. Chacun alors a flétri la conduite de l'intrigant qui était cependant redevable de tant de bienfaits à l'honorable docteur Le Siner.

« On a vu M. Drouhet combattre la démonétisation (mission Hocde) et la soutenir *per fas et ne fas* avec M. Imhaus. Le trésorier général des Bouches-du-Rhône saura un jour ce que lui aura coûté l'appui que lui a prêté le journal de M. Drouhet.

« Un écrivain dont les pamphlets ont été dirigés presque uniquement contre M. Drouhet pendant huit ans, est devenu le favori des ateliers typographiques de M. Drouhet.

« Nous pourrions continuer cette litanie déjà bien assez longue, mais le temps nous manque pour aujourd'hui Nous en avons cependant assez dit pour expliquer les motifs de l'arrêt de condamnation prononcé par le suffrage universel contre M. Drouhet à Saint-Denis, M. Drouhet connaissait si bien le jugement de l'opinion sur son compte dans la capitale ; il s'attendait si bien à un échec, qu'il a fait poser sa candidature à Saint-Paul, par de complaisants amis, à la dernière heure, pour qu'on n'eût pas le temps de la combattre.

« Que devient désormais la prophétie de M. de Laserve en faveur de M. Drouhet ? Si les dents s'usent à mordre le fer, des hommes même de la trempe de M. Drouhet finissent aussi par s'user, comme tous les hommes ambitieux, sans conviction, n'obéissant qu'à un seul mobile : l'intérêt personnel. Les élections du 1er février à Saint-Denis en fournissent une preuve éclatante.

« M. Drouhet peut à son aise, à présent, dénigrer les élus de Saint-Denis. Ses attaques ne sauraient mériter que notre dédain et la réprobation publique. » -

Voilà l'article du *Moniteur* qui a paru en 1880, contre lequel M. Drouhet n'a point protesté par la bonne raison, vous le voyez, qu'on le menace de mettre à jour toutes les preuves dont ce journal paraissait être en possession.

Vous voyez qu'on n'a pas tenu à mettre sur le tapis cette question de démonétisation, sur laquelle je ne veux point revenir, parce que M. Imhaus, trésorier général des finances des Bouches-du-Rhône, beau-père

de la fille de M. de Mahy, n'étant point venu déposer pour M. Drouhet, s'étant dispensé de cette corvée qui fût devenue pénible pour lui, je vous assure, je n'ai point en face de moi l'un de ceux que j'aurais eu à examiner sévèrement.

Après avoir reproduit l'article du *Moniteur*, M. Pierre Alype ajoute :

« Nous pourrions reproduire d'autres documents encore, mais voilà plus qu'il n'en faut pour édifier le public sur le compte de cet honnête gouverneur, que le ministère vient de rappeler et de rendre à la vie privée. »

Qu'est-ce qu'il y a d'imputable à M. Alype dans cette dernière partie de l'article ? Mais, il n'y a absolument rien M. Alype s'est contenté de reproduire un article qui avait déjà paru dans un journal de la Réunion ; il suffit que sa reproduction soit fidèle, qu'il n'ait point envenimé les réflexions du journal, qui sont très vertes, très nettes, tout ce qu'il y a de plus blessant pour l'honneur de M. Drouhet, pour son caractère, ses mœurs, ses habitudes politiques.

M. Alype les a reproduites fidèlement, il n'y a rien changé. Il y avait là une sorte de biographie du fonctionnaire public qu'il visait et qu'il avait en face de lui ; il l'a reproduite : c'était son droit.

## IX

### M. Jules Laffitte et M. Drouhet.

Le troisième article, c'est celui du 28 février 1882 Dans cet article, messieurs, on n'a rien attaqué et je n'ai rien à défendre. C'est un article qui reproduit les articles de journaux qui se sont occupés de M. Drouhet. J'y constate seulement un fait, c'est que la presse s'était occupée de M. Drouhet bien avant que M. Alype s'en occupât lui-même. Je vois en tête de ce numéro qu'il y a un article de la *France* du 8 février, un article de la *Liberté* du 11, de la *France* du 11, du *Gil Blas* du 11, tous articles s'occupant de M. Drouhet à l'occasion du décret qu'il a falsifié, sur lequel je me suis longuement expliqué.

Voilà ce que j'y vois, voilà ce que j'y constate. On n'a point fait de reproches, d'ailleurs à ce troisième article, pas même M. l'avocat général, et je n'ai point à le défendre.

Me Allou. — Moi, j'en ai fait.

Me Gatineau. — Non, non, vous n'en avez pas fait. Attendez-donc, laissez-moi.

Il y a, en dehors de l'article qui est visé, il y a une lettre adressée à M. Jules Laffitte, directeur du *Voltaire*

M Jules Laffitte dit : Cela est controuvé, et il donne à entendre que M Alype est allé chez lui pour diffamer M. Drouhet. Voici, messieurs, pourquoi M Alype est allé chez M. Jules Laffitte, et voici pourquoi M. Jules Laffitte est fort mecontent. M. Pierre Alype est allé chez M Laffitte sur la priere de celui-ci, dont voici la lettre du 18 janvier, la lettre originale écrite sans doute avec une dignite froide ou chaude, cela m'est égal (rires prolonges).

« Mon cher monsieur Alype,

« Je suis allé chez vous ce matin pour vous voir Mᵐᵉ Alype n'a pas pu m'indiquer une heure précise à laquelle je vous rencontrerais, mais elle a bien voulu me dire ou vous déjeuniez et je vous envoie ce mot pour vous prier de me fixer un rendez-vous, à moins que vous ne trouviez plus commode de passer au *Voltaire*, ou vous me trouverez de 5 à 7 heures »

Et pourquoi M Jules Laffitte, qui a eu l'air de donner à entendre que c'est M. Alype qui courait après lui pour opérer par la langue contre son cher ami M. Drouhet, pourquoi courait-il, lui, apres M. Alype ? Voici pourquoi il lui donnait rendez-vous : c'était un solliciteur, il voulait être sénateur de l'Inde.

(M. Jules Laffitte proteste au fond de la salle et M. Pierre Alype lui répond que c'est parfaitement exact).

M. le Président. — Il n'est pas possible, Mᵉ Gatineau, de permettre à un témoin d'intervenir dans le débat.

Mᵉ Gatineau. — Il voulait être sénateur, car il y avait beaucoup d'amateurs et, à ce moment-là, M. Pierre Alype tenait entre les mains le sort de l'élection. ce qui se comprend, parce qu'il venait d'être nommé avec 30 000 voix et que son adversaire n'avait obtenu qu'un chiffre de 461 voix. M. Alype n'a pas cru devoir accepter la candidature de M. Laffitte, et il a recommandé et appuyé, comme c'était son devoir et son rôle, la candidature d'un homme dont l'entrée au Sénat eût certainement dû consoler M Jules Laffitte, dont l'échec était certain : c'est M Jacques Hebrard. Il a recommandé M. Hébrard, après que M. de Freycinet eût opté pour Paris. il a présenté M. Jacques Hébrard, le témoin que vous avez entendu. M. Jacques Hébrard a été nommé.

L'ambition de ces messieurs n'a pas été

satisfaite, et, quant à moi, — je ne suis pas rancunier, je souhaite que l'avenir les dédommage de leur échec, et cependant, — si M. Jules Laffitte se présente jamais dans mon département, je le préviens que je ne voterai pas pour lui

Et M. Jules Laffitte, l'homme à la dignité froide (rires prolongés), M. Jules Laffitte se plaint que cette lettre énonce un fait faux. Ce fait est pourtant exact : quoi qu'en puisse dire la dignité froide de M. Jules Laffitte (nouvelle explosion de rires), que je connais d'ailleurs. la lettre dit la vérite.

Je dis que je le connais parfaitement, M. Laffitte, parce que j'ai fait condamner son journal pour diffamation. Et, depuis ce temps-là, il n'est sorte d'articles déplaisants, insolents, que M. Laffitte ne publie dans son journal contre moi. Et alors, je lui envoie de temps en temps une lettre pour lui dire : « Je pense bien que si vous me regardez comme un imbecile ou un malhonnête homme, ce n'est pas parce que je vous ai fait condamner pour diffamation ». Cela n'empêche point M. Jules Laffitte de faire son metier et de lui permettre d'en faire un autre. En effet, messieurs, il appartient à cette coterie de journaux qui font mourir tous les matins M. le president de la République, ce qui lui faisait dire à lui, notre cher président de la République, le meilleur citoyen que la France possède, ce qui lui faisait dire hier en ma présence, avec sa bonhomie fine et douce : « Ils me font mourir tous les matins, mais je me porte mieux qu'eux ».

M. Jules Laffitte est donc un journaliste. Il me dit de prouver qu'il a reçu une lettre de M. Alype. M. Alype a envoyé cette lettre au journal et il ne dit pas le contraire. Et vous allez voir comment il a eu une entrevue avec M Laffitte et pourquoi cette entrevue n'ayant point de rapport avec l'affaire qui nous occupe, le témoignage de M Jules Laffitte doit être écarté, malgré la dignité froide de son auteur (nouveaux rires). « Le *Voltaire*, dit M. Alype, est le « seul journal de Paris qui ait eu le cou-« rage de defendre M. Drouhet ». Il est vrai qu'ils étaient amis depuis longtemps, M. Jules Laffitte, directeur du *Voltaire* et M Drouhet, ils s'étaient connus à l'île de la Réunion.

Voici ce que M. Alype écrit : « Paris, ce... (C'est adresse à M Jules Laffitte).

« Dans une note qu'il publie ce matin, le *Voltaire* s'efforce de demontrer que M. Drouhet, gouverneur des Indes, est un parfait honnête homme.

, « Heureusement, le *Voltaire* est le seul de cet avis dans la presse française.

« Je me bornerai à poser à M. Jules Laffitte, directeur du *Voltaire*, cette simple question :

« Si M. Drouhet est si pur, si intègre, comment se fait-il que M. Jules Laffitte soit venu intercéder auprès de moi, en sa faveur, il y a un mois, me suppliant de ne point traduire à la barre de la Chambre « son vieil ami? »

« Agréez, etc.

« PIERRE ALYPE, *député* ».

Voilà ce qu'a écrit M. Alype. Où est donc son crime? n'a-t il pas fait son devoir en protestant, au nom de ses électeurs, contre les éloges décernés à M. Drouhet par M. Laffitte?

J'arrive au dernier article incriminé, il est intitulé le *Chant du départ* :

« Il ne s'agit pas du fameux *Chant du départ*: « Mourir pour la patrie, etc. », immortalisé par les armées victorieuses de la grande Révolution, et que répèteront à l'envi nos arrière-neveux, avec un légitime orgueil.

« Il s'agit simplement d'un discours fort peu académique prononcé par M. Drouhet, gouverneur des Indes françaises, à l'audience de rentrée de la Cour d'appel de Pondichéry, le 4 mars dernier, c'est-à-dire au moment même où il apprenait par dépêche télégraphique sa mise à la retaite pour excès de vertus dans l'exercice de ses fonctions.

« Ce discours pourrait s'intituler plus justement le chant du cygne, à supposer que M. Drouhet fût digne d'être comparé à cet excellent animal

« Avant de quitter cette terre bénie de Pondichéry où il n'a rencontré, par sa faute, que de justes malédictions, le *vertueux* M. Drouhet, comme dirait M. Mahy, son défenseur plus ardent que convaincu, M. Drouhet, dis-je, a éprouvé le besoin de justifier sa conduite en ces termes : « Le gouvernement, en appelant, par le décret du 21 septembre dernier, les Indiens à adopter nos lois, n'a jamais entendu violenter les consciences, forcer les renonciations. Chacun est libre, absolument libre d'embrasser a son gré la loi française ou de continuer à vivre sous le régime du Mahmoul. Bien que tous mes actes l'attestent, il n'était peut-être pas inutile d'en renouveler l'assurance pour prévenir une fausse interprétation de mes paroles et éclairer une population incessamment dupe de manœuvres intéressees. »

« *Bien que tous mes actes l'attestent* est parfait, dans la bouche d'un fonctionnaire qui a fait précisément tout le contraire de ce qu'il dit aujourd'hui, quand il se voit dépossédé du poste qu'il n'a pas su dignement occuper, aveuglé qu'il était par une ambition politique démesurée, car le moment est venu de tout dire, et il faut le dire carrément.

« Si M. Drouhet a causé une si grande agitation dans l'Inde depuis six mois, d'accord avec son stupide directeur de l'Intérieur dont lui-même signalait naguère la stupidité dans un rapport adressé au ministère de la marine et des colonies; s'il a fait protester par les fonctionnaires placés sous ses ordres contre l'election de M. Pierre Alype, sous prétexte que les Indiens ne devraient point jouir du droit de vote; s'il a favorisé, par tous les moyens, les manœuvres effrontées de quinze cents renonçants contre les 58,000 électeurs républicains indépendants de l'Inde; s'il a été jusqu'à dénaturer dans son esprit et dans ses termes le decret du Président de la République relatif à la renonciation au statut personnel, dans le but de pousser à l'insurrection les Indiens froissés dans leur patriotisme, — mais heureusement, les Indiens ont méprisé ses odieuses provocations, — s'il a commis, dis-je, toutes ces infamies, c'est qu'il avait une coupable arrière-pensée qu'il est temps de dénoncer.

« Que voulait-il, en définitive? Il voulait escamoter le droit de suffrage au profit de *quinze cents renonçants* à ses gages, dans l'espoir de devenir leur candidat soit à la Chambre des députés, soit au Sénat.

« Oui, un siege au Parlement, telle a été depuis dix ans la principale ambition de cet homme nefaste entre tous, et c'est parce que M. de Mahy, son illustre protecteur, ne l'en jugeait pas digne qu'il a eu soin de l'exiler d'abord à la Guyane, puis à Pondichéry, en le couvrant de pièces d'or ou de roupies.

« Mais cet homme n'oubliait qu'une chose, c'est que, quand on s'appelle M. Drouhet, quand on a derrière soi le dossier que l'on sait, on va peut-être gouverner la Nouvelle-Calédonie, mais on ne va pas siéger au Parlement, car le Parlement n'admet pas tout le monde dans son sein. Si M. Drouhet en doute, qu'il le demande à son ennemi d'hier, à son ami d'aujourd'hui, M. de Mahy, qui n'a pas voulu, qui ne veut pas, qui ne voudra jamais qu'il soit le représentant de l'île de la Réunion dans l'une des deux Chambres !

« Mais je n'insiste pas, quelques pelletées de terre sur ce cadavre et tout est dit

« Un dernier mot cependant : M, Drouhet termine son discours par l'éloge de « l'illustre amiral qui préside de nouveau aux destinées des colonies. »

« Je ne pense pas que l'amiral Jauréguiberry soit assez simple pour se laisser prendre à ces serviles adulations. Il se souviendra que le même homme disait la même chose d'abord de Louis-Philippe, puis de Napoléon III, puis de M. Thiers, puis du maréchal de Mac-Mahon, puis enfin de M. Gambetta. Il pensera avec raison qu'il n'est sur terre d'homme plus faux et plus intrigant, nobnostant toutes les vertus que lui attribue M de Mahy, un peu tardivement.

« PIERRE ALYPE, »

Eh bien ! c'est à vous de dire, Messieurs, après tout ce que vous avez entendu, si tout cela est vrai.

C'est à vous de le dire. Mon adversaire dit : Oui ! C'est : non ! j'en atteste la justice de ma cause C'est à vous à dire cette chose. M Drouhet dit : Comment ! on me suppose l'intention d'être député ! Il n'en est rien ! Il dédaigne ces raisins qui sont à la fois verts et haut placés !

Eh bien, Messieurs, dans la citation qu'il nous a fait faire, il y a une collection de toasts dans laquelle on prévoit M. Drouhet, deputé.

Toutes les fois que ses rares amis de la Reunion ouvrent la bouche, entre la poire et le fromage, c'est pour le proclamer digne d'être député. Je n'invente rien, Messieurs; il nous l'a mis sur ce papier timbré, et si je ne lis pas ces toasts, c'est parce que ces toasts, en général, sont fort ennuyeux. (Rires prolonges) Cela fait bien à table, mais pour relire tout cela dans le débat qui nous occupe, je trouve, Messieurs, que c'est un ennui que je veux vous épargner.

## X

### Les accusations de M. Magentiès.

Cependant, j'ai une préoccupation, qui est ma première préoccupation, à laquelle je vais donner satisfaction. C'est, non pas de reexaminer tous nos témoins, parce que vous avez tellement fait attention que vous ne les avez point oubliés; vous avez vu comment ils ont tous déposé et vous avez vu comment il a été impossible à M. Drouhet de faire passer son explication sur ces 10 000 francs, explication sur laquelle je me suis attardé peut-être un peu longuement. Mais enfin, j'ai deux témoins considérables à vous représenter et à examiner : ce sont les deux seuls dont j'entends m'occuper. En ne m'occupant pas davantage des autres temoins, j'aurai la satisfaction de ne pas m'occuper de M. de Mahy, dont l'attitude dans ce proces a été extraordinaire. Je vous ai lu l'opinion de son journal sur M. Drouhet; vous avez entendu ensuite sa deposition nouvelle. Les circonstances dans lesquelles il s'est rapproché de M. Drouhet, qu'il traitait naguère de *f..... canaille*, de M. Drouhet qui etait venu le voir à l'occasion de cette question de démonetisation à la Réunion, à laquelle ils ont eté tous les deux mêlés, sont des choses dont je suis heureux de n'avoir pas à m'occuper, au nom de mes sympathies personnelles, parce j'ai un lien avec M. de Mahy, comme membre de la Chambre des deputés. J'ajoute que j'ai plus d'attachement pour M. de Freycinet et pour d'autres, qui ont joué un rôle bien plus considérable, bien plus utile à notre pays et qui ont déposé de façon à donner à M. Pierre Alype des témoignages qui sont sa justification en même temps qu'il accablent M. Drouhet.

J'ai signifié dans mes pièces la lettre d'un monsieur Magentiès, ancien professeur au lycée de la Reunion, actuellement à Lyon. M. Magentiès a lu les journaux de Paris, il a assisté à la lutte contre M. Drouhet, et il écrit à M. Pierre Alype ce qui suit, à la date du 14 juin 1882 :

« J'étais de tout cœur avec vous, mon cher ancien élève, quand j'ai appris que vous aviez eu le courage de révéler la conduite de l'ancien gouverneur de l'Inde et je n'ai pas été surpris d'apprendre que la Chambre vous avait pleinement donné raison.

« Pour Dieu, qui avait pu élever cet homme-là aux honneurs ? On ignorait donc les turpitudes dont sa vie était émaillée, les vols ou abus de confiance qu'il avait commis étant proviseur du lycée de Saint-Denis ? Ce pauvre Pépin, l'ancien économe, en savait quelque chose et c'est lui qui à payé les pots cassés. J'ai eu occasion de causer de Drouhet, il y a quelque temps, avec mon frère que vous devez vous rappeler et d'anciens collègues du lycée, ils n'en parlent qu'avec un souverain mépris.

« Vous deviez en connaître sur son compte ! Ce triste sire est malhonnête par essence, il n'a jamais su ce que c'était que marcher droit.

« Il est sans doute revoqué et ira finir son existence dans quelque quartier isolé, poursuivi par ses remords, si toutefois il est susceptible d'en avoir. » (Rumeurs prolongées.)

Voilà, messieurs, la lettre de M. Magenties. Vous le voyez, elle ne mâche pas les choses ni les mots. Et comment M. Magentiès a-t-il pu avoir une opinion aussi nette et aussi carrée?

## XI

### Les révélations du témoin Moulun.

C'est ici que j'ai besoin de vous rappeler le témoignage de M. Moulun (c'est le proviseur du lycée de Tours.) M. Moulun a été, vous le savez, proviseur au lycée de la Réunion, après M. Drouhet. Il aurait bien voulu ne pas venir. Il nous écrivait une lettre pour nous déclarer qu'il ne sait rien, et il nous a fait parler (l'original, vous l'avez, c'est un papier émané de M. Drouhet), il nous a fait parler pour supplier qu'on ne le force pas à venir dire la verité. Nous avons insisté, parce que la verité qu'il avait à dire était effrayante pour M. Drouhet. Il nous l'a dite, et c'est mon devoir de vous le rappeler : voici ce qu'il vous a dit :

« J'ai fait une observation à M. le proviseur Drouhet, et M. le proviseur Drouhet a dit que l'econome avait eu le tort de ne pas effacer le detournement par une passation d'écritures. »

M⁰ Allou. — Non, il n'a pas dit cela !

M⁰ Gatineau — Il n'a pas dit cela! C'est trop d'audace; non-seulement il l'a dit ici a l'audience, mais il l'a écrit dans une brochure qui a été publiée dans le temps à l'île de la Réunion.

M⁰ Gatineau sortant la brochure de son dossier ah! vous ne vous attendiez pas à ce coup terrible, vous ne saviez pas que j'avais entre les mains cette brochure. Je l'ai, cela vous apprendra à me démentir quand j'avance un fait absolument vrai. (Vive sensation dans l'auditoire).

Voici deux lettres adressées à M. Drouhet par le temoin Moulun que vous avez entendu hier à cette barre, vous me direz si ce n'est pas écrasant pour celui qui a l'impudence de nous poursuivre.

*Première lettre de M. Moulun à M. Drouhet:*

« Ile de la Réunion, 12 mai 1869.

« Monsieur, inutile que vous vous donniez la peine un jour de me prouver que j'ai été la cause immédiate, peut-être la seule cause de votre mise à la retraite; il m'est trop facile de prouver que vous êtes pour tout dans cette mesure, et que moi je n'y suis pour rien. Les personnes qui auront une connaissance exacte des faits n'en jugeront pas autrement

« A propos de l'Economat, vous me reprochez de faire des confusions. Je fais bon marché de mes opinions. Ai-je eu tort de vérifier la comptabilite ? C'est possible; dès que l'administration me le dira. j'en conviendrai et je ferai autrement. J'ai fait ce que j'ai vu pratiquer en France

« *En avril 1867, j'ai découvert quelques détournements. Vous ai-je averti ? Vous ai-je caché ce que je me croirais forcé de faire, si je découvrais de nouvelles irrégularités?* En juin, je découvris deux faits nouveaux Cependant, le rapport que je voulus vous adresser alors est encore dans mon tiroir Pour sortir de cette situation, il fut convenu entre M. Pépin (l'économe) et moi qu'il donnerait sa démission pendant les vacances. Je vous avertis sur la place du Trésor de cette nouvelle circonstance et de la nécessité pour M Pepin de disparaître au mois d octobre Il me semble que dans de pareilles circonstances il ne m'était guère possible de pousser plus loin la complaisance

« Ici, Monsieur, la situation se dessine nettement. *Le déficit aurait pu être masqué par un article passé au journal Vous avez reproché à M. Jaulin* (employé de l'Economat) *de n'avoir pas passé cet article* Vous avez articule le reproche devant moi, vous avez ajouté ceci : « *Il s'en souviendra* » Vraiment, M. Jaulin n'était pas responsable des fautes de M. Pépin, *et il aurait eu tort de se compromettre en faisant un faux en écritures publiques*, que le contrôle pouvait decouvrir immédiatement en demandant le carnet des dépenses.

*Signé :* Moulun. »

Voici maintenant la deuxième lettre non moins accablante pour l'illustre gouverneur de l'Inde.

*Deuxième lettre de M. Moulun à M. Drouhet :*

« Ile de la Réunion, 13 mai 1869.

« Monsieur, un dernier mot. Vous me promettez, quand le moment sera venu, de vous placer en face de moi et de ne 'pas m'attaquer lâchement et par derriere Cela me fera plaisir; ce sera, paraît-il, une tactique nouvelle de votre part. C est l'opinion de bien des gens. *Un de vos amis me disait, il y a quelques jours : « M. Drouhet passerait sur le corps de son père pour se venger de quelqu'un. »*

« Ce n'est pas rassurant pour ceux qui ont le malheur de vous déplaire. L'opinion n'a rien de bien flatteur.

« Vous manquez de logique, monsieur ; le 17 ou le 18 mars, l'affaire de l'Economat n'avait rien à m'apprendre ; elle n'a donc pu être la base déterminante du parti que j'ai pris. *Vous savez mieux que personne jusqu'où a été ma discrétion dans cette affaire. Je vous le prouverai un jour et vous m'en remercierez.*

« Je suis enchanté de vous avoir fait des aveux ; je n'ai rien à cacher.

*Signé :* MOULUN. »

Osez donc dire maintenant que M. Moulun n'a pas tenu le même langage hier à cette barre ! il l'a dit en toutes lettres et j'ai pris sa déposition ; et là-dessus vous avez dit que ce *n'était rien*, que c'*était sans importance*, mais j'ai insisté, j'ai dit : *C'était un faux* que M. *Drouhet reprochait à* M. *Jaulin de n'avoir pas accompli pour masquer le déficit qui avait été commis.* Et M. Moulun a repondu : « Oui, c'était cela. »

Voilà ce que j'ai dit, voilà la vérité, voilà ce qui reste, M. Moulun vous l'a écrit, il y a dix ans dans un imprimé qui a été répandu à profusion dans l'île de la Réunion et dont je viens de lire le texte. Voilà ce qu'il a répété ici hier, et je me rappelle l'altercation qui s'est élevée entre mon confrere et moi.

Et pour que vous ne l'oubliiez pas, je vais relire la déposition de M. Moulun :

« Le déficit aurait pu être masqué par un article passé au journal. Vous avez reproché à M. Jaulin, employé de l'économat, de n'avoir pas passé cet article. Vous avez articulé le reproche devant moi, vous avez ajouté ceci : « il s'en souviendra. » (Rumeurs prolongées dans l'auditoire).

Voilà ce qu'a dit hier M. Moulun, voilà ce qu'il avait d'ailleurs écrit, il y a dix ans, et toutes vos contradictions, monsieur Drouhet, ne retarderont en rien la constatation de cette vérité sur ce point spécial.


## XII

### La fausse lettre de M. Laserve

Maintenant, Messieurs, j'ai une dernière explication à vous donner : Quand ma défense est aussi complete, je le crois du moins, quand il est impossible de reprocher à M. Alype de ne pas avoir fidèlement reproduit le document, document dans lequel il n'y a

presque rien du sien, que trois ou quatre lignes, juste pour éclairer la marche, quand cette preuve est faite, quand tout est démontré, il reste cependant une certaine préoccupation dans le cœur des jures ; on peut se dire encore en soi-même : « M. Alype qui a été si loyal, si affectueux, si tendre jusqu'à la fin pour on ancien maître, qui a sans doute eu raison de ne pas le laisser consommer cet exploit de guerre civile et de desaffection des Indous, au grand détriment de la France et de la prospérité française, qui a eu raison de ne pas souffrir que ce gouverneur jette dans nos affaires etrangères une question irritante et dangereuse, qui a eu raison, comme député, comme Français, qui a accompli son mandat, qui l'a accompli avec dévouement, mais peut-être, peut-être penserez-vous, peut-être vous direz-vous : M. Alype a été un peu sévere, un peu rigoureux.

Je vous répondrai que le succes n'était possible qu'à cette condition d'être sévère et et rigoureux, de tout faire connaître et de ne rien cacher, comme la loi le permet.

Mais il a eu, Messieurs, il a eu une raison dont vous allez apprecier la gravité et qui ne lui permettait pas d'être moins justicier vis-à-vis du gouverneur deplacé des Indes.

Voici, en effet, quel était le bruit que colportait le gouverneur déplacé des Indes, bruit qu'il a formulé dans la signification des pièces ; il disait que M. Alype était un malhonnête homme, il disait que M. Alype était meprisable sous tous les rapports, il disait que c'etait le dernier des sots et la dernière des nullités, il l'attaquait avec une passion hideuse et une injustice que rien ne peut égaler, et il promenait une lettre dont il m'a communiqué l'original seulement au commencement de la séance, parce que je l'ai exigé, et dont l'heure est venue de me servir. Ce sera le coup décisif. Voici, en effet, ce que M. Drouhet nous a signifié dans sa brochure imprimée.

« Marseille, le 21 décembre 1881, à la Trésorerie générale » c'est une lettre qui part de chez M. Imhaus, trésorier-payeur à Marseille, le même qui a été cité comme témoin par M. Drouhet, et qui s'est garde, pour cause, de venir déposer à cette barre ;

« Mon cher Théodore » (c'est M. Drouhet qu'on appelle mon cher Théodore), rires prolongés « Mon cher Theodore ». Ecoutez bien cela, je vous en supplie : c'est l'infamie la plus hideuse qui ait pu être commise par un être raisonnable et pensant. Ecoutez cela.

« je n'ai pas repondu plus tôt à votre lettre de juin dernier parce que depuis sept mois je suis sous le coup de deux ou trois cruelles maladies qui mettent mes jours en danger, épuisent mes forces et ne laissent guère d'espoir de guérison. Les médecins m'ont envoyé passer l'hiver à Marseille, sous peine de mort.

« Quelle singulière élection que celle de l'Inde et comment ce pays a-t-il pu nous infliger la peine d'avoir pour collègue un être aussi nul, aussi prétentieux, aussi dénué de moralité que M. Pierre Alype? »

— M° Gatineau regardant M. Drouhet : Je constate d'abord, Monsieur, que la lettre n'est pas de l'écriture de M Laserve, et qu'elle ne porte pas davantage sa signature. (rumeurs prolongées dans l'auditoire).

M. Laserve, Messieurs, c'était le sénateur. Ainsi, on a colporté, sous le manteau, auprès des collègues de M. Pierre Alype, une prétendue lettre de M. Laserve, disant que c'était un être nul, dépourvu de moralité, une espèce de coquin sans scrupules. C'est M Drouhet qui a colporté ce document, comme venant de M. Laserve, sénateur Je vous demande s'il y a une injure, s'il y a un procédé plus condamnable, si même la lettre existât-elle, s'il était possible, quand il s'agit d'une lettre confidentielle et d'une appréciation absolument personne le, s'il était possible de commettre cet outrage implacable de deposer ce fragment que je viens de vous lire dans la procédure, et de lui donner la publicité du grand débat auquel vous assistez aujourd'hui ?

Quand j'ai lu cela à M. Alype, il m'a dit : « C'est faux, absolument faux, ce n'est pas M. Laserve qui a écrit cela». Messieurs, nous allons voir s'il se trompe.

« M Laserve était mon ami ; il m'a constamment encouragé, il n'a cessé une seule minute de m'entourer de son estime, de me protéger par son appui C'est lui que j'ai rencontré partout : fidèle ami, protecteur par son âge, par son expérience, par la longueur de sa vie, par sa probité bien connue. Il n'a pas écrit cette lettre, c'est impossible... Oh ! oh ! m'a-t-il dit, il y a une seconde impossibilité : c'est qu'il ne pouvait plus écrire et qu'il était aveugle ».

J'ai dit : « Ah ! prenez garde ! la lettre est tres habile, elle a été faite exprès .. elle s'occupe d'un tas de choses afin de ne pas avoir l'air d'être faite exprès Elle a été faite sans aucun doute pour attaquer votre élection, et on s'en sert dans ce procès après s'en être servi secrètement à la Chambre. Elle est tres habile, et on va nous répondre que si elle n'est pas de M. Laserve, elle a dû être dictée par lui, qu'il a du en être

l'inspirateur, et que les sentiments qui ont été recueillis dans cet abominable factum, sont les sentiments de M. Laserve. Eh bien, si M. Laserve était votre ami, il a dû vous écrire à quelques moments de sa vie, vous devez avoir des lettres de lui, et on verra par le ton de ces lettres ce qu'il pensait de vous, et alors j'aurai le droit de traiter ce document, ajouté à tous les faux commis par M. Drouhet, j'aurai le droit de le traiter comme il le mérite ».

Messieurs, c'est un grand bonheur pour M. Pierre Alype Il avait fort heureusement plusieurs lettres de M. Laserve. Voici l'une d'elles, ecrite à son beau-père à l'occasion de son mariage. Vous allez voir ce qu'il pense de M. Alype et s'il est l'auteur de ce que je viens de vous lire :

« A Monsieur le docteur Weber (c'était le futur beau-pere de M. Pierre Alype).

« Monsieur,

« J'ai été pendant vingt-huit ans le voisin du père de M. Pierre Alype. Sa famille est une des familles les plus honorables de Saint-André (Ile de la Réunion), et je me suis toujours fait gloire de cultiver avec elle les meilleures relations. En un mot, ce sont des amis pour moi.

« Quant à M Pierre Alype, je l'affectionne d'une manière toute particulière et le frequente le plus que je puis, depuis que je suis en France. Je prendrai toujours une vive part à tous les événements qui le concernent.

« Bref, et puisqu'il s'agit d'un mariage, je ne puis que vous dire ceci : J'accepterais avec joie mon jeune et intelligent concitoyen dans ma famille, à titre de gendre, si j'avais des filles. Bon sang ne peut mentir.

« *Signé* : A. LASERVE. »

Voici ce que M. Laserve pensait de M. Alype. S'il avait eu des filles, il l'eût voulu pour gendre. Il le fréquente le plus qu'il peut depuis qu'il est à Paris ; il a vécu côte à côte avec sa famille pendant vingt-huit ans. Il lui donne une de ces attestations comme M. Drouhet, assurément, n'en a jamais obtenu à aucune époque de sa vie. Et c'est cet homme qui l'aurait fletri dans les termes ignobles que je vous ai lus !

Ah ! c'est bien, mais il me faudrait autre chose, il me faudrait la preuve que M. Laserve, qui n'estimait pas M. Drouhet (j'ai entre les mains des lettres de lui qui le prouvent), il me faudrait la preuve que M. Laserve a écrit cette lettre.

Et alors j'ai demandé au commencement

de l'audience, hier, j'ai demandé cette pièce qui m'est signifiée par l'acte contenant toutes les pièces qui doivent être produites au débat par mon adversaire, j'ai demandé l'original, je l'ai obtenu à grand'peine hier matin et je l'ai redemandé ce matin,

J'ai constate, et je constate qu'un effort a été fait pour imiter l'écriture de M. Laserve, mais il n'y a pas un seul mot de M. Laserve, il n'y a pas un seul mot qui soit de la main de M. Laserve.

(M⁰ Gatineau met sous les yeux du jury plusieurs lettres autographes de M. Laserve )

M⁰ Allou — C'est certain ; vous l'avez dit vous-même tout-à-l'heure : il était aveugle, c'est sa femme qui a écrit.

M⁰ Gatineau. — Ne mêlons pas les dames dans le débat Et je suis très convaincu que ce renseignement qui vient de vous être fourni par M. Drouhet n'est pas exact. Ce n'est pas davantage l'écriture de M⁰ Laserve. M. Drouhet l'affirme sans doute. mais les renseignements qui me viennent de M. Drouhet, je les tiens pour suspects et douteux. Il n'y a donc pas un seul mot de M. Laserve.

Or, M. Laserve est mort quelques semaines après. Il était complètement ramolli... (Bruits.) Mais oui, puisqu'il en est mort quelque temps après : il était aveugle, il était arrivé à l'extrémité de ses forces et de sa vie : il mourait d'un ramollissement de la moelle épinière, le malheureux ! C'est une maladie qui en atteint d'autres et des plus fermes et des meilleurs, malheureusement Alors on a fabriqué cette lettre exprès pour la défense de M. Drouhet, qui ne me montre point l'enveloppe, entendez-le bien.

M⁰ Gatineau se tournant vers M. Drouhet : Allons ! si la lettre vous a été réellement adressée de Marseille, montrez-moi l'enveloppe ?

Vous ne pouvez pas la montrer, j'en étais bien sûr. Vous n'êtes pas homme à négliger même une enveloppe, pour les besoins de votre cause. Donc la lettre est absolument fausse. (Sensation prolongee).

On l'a datée du 21 novembre 1881. C'était pour la glisser sous le manteau, contre l'élection de M Alype, et on en profite pour me la signifier ne pensant pas que ma curiosité irait jusqu'à vérifier l'écriture, constater qui pouvait être l'auteur de ce document, et, en même temps, que M Alype aurait conserve quelques témoignages éclatants de l'amitié et de la confiance de M. Laserve, et alors, parcourant toutes ces pages, comprenant pourquoi cette lettre avait été faite et colportée, pourquoi ce suprême outrage avait été jeté à la face de mon collègue et ami, je me disais « Cette lettre est fausse »

Eh bien, je demande à M le président de la faire passer au jury

M. le président. — C'est inutile

M⁰ Gatineau — Pardon, je le demande et je lui indiquerai où il trouvera la signature de M Laserve, la prétendue signature de M. Laserve ! c'est près du mot · *Sénat.* il y a une croix en guise de signature, (la lettre est placée sous les yeux du jury, avec plusieurs lettres autographes de M. Laserve.)

M⁰ Gatineau. — Vous voyez, messieurs. que les deux écritures ne se ressemblent nullement. Il y a là un véritable faux.

Eh bien, voilà les moyens odieux auxquels a eu recours M. Drouhet ; voilà les injures et les outrages qu'il a jetés à la face de M Alype. M. Alype lui a répondu par la vérité. Votre verdict le dira, et je l'attends avec confiance. (Applaudissements répétés dans la salle. De divers côtes on s'écrie : « Il est acquitté ».

# DEUXIÈME PLAIDOIRIE DE M<sup>E</sup> GATINEAU

Apres une très-longue réplique de M<sup>e</sup> Allou, défenseur de M. Drouhet, M<sup>e</sup> Gatineau s'exprime en ces termes :

M<sup>e</sup> Gatineau. — La réponse que j'ai à faire ne comporte pas de discussion. Mon adversaire n'a pas réfuté une seule des preuves que j'ai apportees ; sa réfutation a consisté à dire : que je n'avais pas apporté de preuves. alors que vous savez à quoi vous en tenir sur cette partie de la discussion.

J'examine les affirmations successives qu'il a produites.

Il declare qu'il ne faut pas que vous ayez la moindre confiance dans M Magenties, parce que de professeur il est devenu 'bijoutier Je ne réfute pas cette doctrine : c'est un honorable commerçant appartenant à cette profession distinguee qui s'appelle la bijouterie. Il est l'un de ces témoins dont le témoignage a une grande autorité sur la conscience de MM. les Jurés probe et libérale, et la doctrine un peu dédaigneuse de mon adversaire n'aura, j'en suis certain, aucune espèce de succès auprès du jury.

Il a eté forcé de reconnaître que la pretendue lettre de M. Laserve n'emanait pas de lui.

Voilà ce que j'ai à vous dire sur ces points qui ont été relevés. L'acte, le fait d'avoir publié, d'avoir colporté sous le manteau de la cheminée, contre l'élection de M Alype, cette prétendue lettre de M. Laserve, c'est là un fait sur la moralité duquel vous vous êtes prononcés, et c'est un fait qui s'éclaire d'une triste lueur pour M. Drouhet, quand vous voyez qu'on nous le signifie dans la procédure, sans nous prévenir que c'est un document qui n'emane ni de la veuve, ni du malheureux qui se mourait de consomption, maladie qui est la conséquence du ramollissement de la moelle épinière.

Je vous ai prouvé que M. Laserve avait la plus grande estime pour M. Alype, et que le mot, que l'opinion dont on a chargé sa mémoire contre M. Alype n'a jamais eté la sienne. Je vous l'ai prouvé par la lettre la plus affectueuse, la plus tendre, dont les termes sont exclusifs de toute interprétation, qui se resume par cette déclaration · « Je regrette de ne pas avoir une fille, je le prendrais pour gendre : bon sang ne peut mentir. » Voilà la vérité.

C'est là que nous apercevons M. Drouhet, l'homme qui né recule devant aucun moyen, celui qui avait reçu aux colonies ce surnom très pittoresque dont le sens ne vous à point échappé. (Rires prolonges).

Maintenant on nous reproche d'avoir fait trop de politique ; je réponds que j'en ai fait beaucoup moins que mon adversaire. Mon adversaire me dit que M. Alype a subitement changé sa manière d'être avec M. Drouhet, à cause de M Haas. J'ai prouvé que la question Haas était etrangère à l'affaire, qu'il y avait la déclaration de M. Michaux, disant qu'on avait rappelé M. Haas, non pas même pour la politique mauvaise qu'il avait faite, mais qu'on avait rappelé M. Haas à cause de son insuffisance dans l'exercice de ses fonctions, et M. Berlet disait : « On peut être un bon magistrat et un mauvais administrateur. » Je ne pense pas comme lui : M. Haas était insuffisant : quand on n'est pas un bon magistrat, on ne peut faire un bon administrateur.

Mon adversaire me dit : mais vous avez parlé dans un article de casier judiciaire, de 6,000 francs d'ail, etc. Je lui dirai que quand j'ai parlé de 6,000 fr. d'ail, j ai dit la verité. Un témoin est venu indiquer que ce n'était que 1,200 fr . ce qui est déjà un chiffre ridicule, et dont l'appréciation aurait la même conséquence que celle d'un chiffre plus élevé. Le principe, le fait matériel étant établi, j'ai reproduit ce qui avait figuré dans la totalité de l'acte d'accusation.

Mon adversaire dit : mais sur 37 questions, l'économe a eté acquitte, et ces 37 questions visaient précisément la période de l'administration de M. Drouhet. Je lui réponds : si le jury a acquitté l'économe sur ces 37 questions, c'est qu'il a apparu au debat, aux jurés, que le vrai coupable, ce n'était pas l'économe, c'était M. Drouhet. Et c'est ce que le jury fait toujours, entendez-bien. (Sensation prolongé).

Voilà quelle est l'impression qui se dégage dans la conscience des jurés. Et c'est ainsi que dans cette question dont la responsabilité a semblé n'être pas exclusive à l'économe, comme M. le procureur général l'indiquait, le jury, par une mesure indulgente, a fait sage et bonne justice.

M^e Allou. — Mais non, il n'y avait pas de jury.

M^e Gatineau. — Eh bien, ce n'est pas la Cour d'assises, c'est la Cour jugeant avec les principes qui dirigent le jury; c'est un jury d'une forme spéciale ; c'est la Cour qui ne juge plus selon les regles du droit, mais qui juge avec l'équité, avec les principes qui déterminent les sentences du jury, conformément à la loi, et à nos principes de législation. Voilà ce qui est la verite.

Maintenant, mon adversaire, faisant un petit retour, dit : quand M. Drouhet a eté rappelé ça n'a pas été à cause de la falsification du décret, il nie la falsification. Je l'ai mise sous vos yeux pendant toute la durée de ces débats. Elle a ete confirmée par les instructions qui ont précédé ce rappel ; elle a été confirmée par les déclarations de M. Berlet ; elle est confirmée par M. de Freycinet qui, le 18 février, dit qu'on va rappeler M. Drouhet pour venir s'expliquer sur cette falsification. Cela n'est point douteux, *cela n'est point douteux.* Vous avez lu la lettre de M. de Freycinet à ce sujet.

Cela est-il parfaitement clair? Il ne s'agit pas de M. Haas, il s'agit de M. Drouhet, et, la preuve que les faits imputés à M. Drouhet ont eu des conséquences, c'est ces inombrables jugements, c'est l'obligation où on a été de suspendre la loi par l'affiche que j'ai lue; c'est le fait que la Cour de Cassation a été saisie, et que M. Hérisson a plaidé et a démontré l'illégalité de l'arrêté du Gouverneur : c'est, en un mot, une grande émotion qui s'est emparée de notre colonie, et qu'il y a eu là un acte si fatal, si fâcheux, qui eût pu être assez grave pour compromettre nos affaires à l'étranger.

Voilà ce que j'ai dit, voilà ce qui est établi, voilà ce qui ne saurait faire aucune espece de doute, et je ne comprends pas très bien que mon adversaire se soit figure avoir renversé mes preuves quand elles sont debout, et que vous avez ce témoignage tres important de M. le sous-secrétaire d'Etat à la marine, spécialement chargé de l'affaire, et que vous avez le témoignage de M. de Freycinet.

Et quand M. Drouhet n'ose pas faire venir ici un seul fonctionnaire du ministere de la marine pour le défendre et qu'il va chercher du secours en dehors de ses supérieurs hiérarchiques, qui attendent vos decisions pour en prendre une qui, je l'espere, delivrera notre administration d'un homme qui a compromis la France, je dis que M. Drouhet se condamne lui-même.

Maintenant, mon adversaire dit que l'acte d'accusation n'est rien, qu'il faut le mepriser, qu'il n'a de valeur que s'il y a eu une condamnation, mais il y a eu une condamnation. Et cet acte d'accusation, je le reproduis, j'en ai reproduit les passages avec une tres grande fidélite. Mais si même l'acte d'accusation s'était trompé, ma bonne foi est entière et j'ai use de mon droit puisque je l'ai reproduit exactement.

Mon adversaire nous parlant du jugement de 1873, me dit qu'il ne reste rien de ce jugement. Il est resté, Messieurs, tous les faits qui ont été constatés. C'est là-dessus que l'imagination de mon adversaire s'est élevée dans des régions epiques. Au point de vue de la procédure, il m'a donné à entendre que je n'y comprenais rien, il me l'a dit en un langage magnifique auquel j'opposerai le texte de la loi. L'arrêt de la Cour de cassation est ainsi conçu : « Renvoie les «parties (non plus sur le dispositif de l'arrêt, qui est definitivement acquis), mais les « renvoie, en ce qui touche la question civile. » Et cela est conforme au texte de l'article 429 du Code d'instruction criminelle

Voilà comment je réponds au projet de mon adversaire de faire inscrire mes paroles sur la table de la salle des conférences de mes jeunes confrères que mon ignorance a dû étonner et épouvanter. Je lui réponds en un style moins fleuri par la loi elle-même, dont je vous lis le paragraphe :

« Lorsque l'arrêt sera annule parce que « le fait qui aura donné lieu à une condam- « nation ne se trouvera pas un délit qualifié «par la loi, etc. . » C'est bien l'espece dont il s'agit ici On nous avait indique que c'était une simple injure et c'etait une diffamation « les renvoie s'il y a une partie civile (et il y en a une, c'est M Drouhet), les renvoie devant d'autres juges. » Et M. Drouhet, je le constate de nouveau, n'a pas tenu à se faire rendre justice ; il est en appel depuis dix ans ! (rires prolongés). Ainsi l'arrêt était définitif en ce qui constituait les dispositions pénales , il n'y avait de cassation que dans les termes de la loi parce qu'il y avait une partie civile.

Ceci, Messieurs, répond à une théorie qui tendrait à me présenter comme une sorte de phénomène connaissant fort peu son Code d'instruction criminelle, alors que je crois ne pas l'ignorer dans les proportions que mon adversaire a paru le supposer

Mais cela est étranger à la cause, et le jury appréciera de quel côté se trouve l'oubli des principes de la loi

Ceci dit, quel est le sens du jugement de Saint-Denis qui reste debout ? (1) Vous le connaissez, il a établi les faits avec une très grande clarté. J'ai détruit l'explication ridicule qu'on avait donnée relativement aux 10,000 francs ; j'ai montré que les premiers juges du pays, ceux qui donnaient raison à M. Drouhet quand il avait raison, quand ils ont des faits à constater par l'appui des pièces, par la présentation des témoignages, ils relèvent ces faits qui sont désormais acquis sans que rien puisse les atteindre, comme le déclarait l'arrêt de la Cour de cassation en conformité de la loi.

Eh bien, Messieurs, ce jugement de 1873 est debout, nous l'avons publié, nous n'avons pas publié l'arrêt confirmatif, ç'aurait été deux fois retourner l'arme, le poignard dans la plaie, et cela eût donné plus d'autorité à cette publication puisque le public aurait vu que la Cour avait fait comme le tribunal de Saint-Denis ; nous n'avons pas publié l'arrêt de la Cour de cassation, si nous l'avions publié, nous aurions fait connaître la partie du paragraphe de l'article que je viens de lire tout à l'heure, et c'était là, voyez-vous, l'écrasement de la résistance de M. Drouhet

Mais je n'ai pas besoin de démontrer que les faits sont vrais, ils le sont ; j'ai besoin de prouver que M. Alype a reproduit ce qui était vrai, qu'il a fait, par conséquent, une reproduction qui se meut dans les bornes de la vérité et que, à cet égard-là, toutes les critiques qui ont été faites constituent des erreurs de doctrine, des erreurs de fait

qui vous ont frappés et dont je ne veux pas faire une démonstration plus complète Quant à l'autre jugement que nous avons emprunté au journal le *Commerce*, j'ai lu l'article dans son entier et la portion qu'à publiée M. Alype est parfaitement claire et complète. Les additions qu'il a faites ne font que confirmer le résumé du jugement Le résumé du jugement a t-il été publié exactement ? Personne ne le conteste, car j'avais une grande crainte en venant ici ; je disais à M. Alype : mais ce n'est pas nous qui avons les textes, ce n'est pas nous qui avons les expéditions de jugements, des arrêts, nous n'en avons que la reproduction par les journaux qui sont au ministère de la marine ; je craignais que M. Drouhet, qui ne recule devant aucun moyen (rires prolonges), ne nous présentât pas ces jugements eux-mêmes. Mais il est assez difficile d'aller les chercher à la Réunion Eh bien, M. Drouhet reconnaît que tous les textes sont exacts, qu'ils ont été reproduits fidèlement ; et, dans ces conditions là, ma preuve est faite, ma situation est nette et dégagée

M. Alype avait le droit et le devoir d'attaquer le fonctionnaire, de faire la preuve, et les pièces qu'il a produites sont des pièces sincères, vraies. contre lesquelles ne peut prévaloir aucune espèce de contradiction. Il a reproduit fidèlement les articles du journal *le Commerce* qui a diffamé tout à son aise M. Drouhet en lui reprochant des faits exacts et en parlant d'un déficit, qui est exact aussi de 65 à 69.000 fr. sans l'en faire l'auteur toutefois

Mais comme le journal *le Commerce* n'accuse que votre surveillance, comme il ne va pas si loin que le jugement de 1873, que les actes de l'administration, que l'arrêté du gouverneur de 1869, quand on a mis M Drouhet à la retraite, je ne retiens du journal *le Commerce* que ceci, c'est qu'il vous a très carrément attaqué avec les autres jugements. Ai-je reproduit fidèlement les articles du *Commerce* ? Oui, et sans aucun commentaire

Il n'y a qu'un seul mot de commentaire : J'ai dit que sur une menace du *Commerce*, de publier tout le dossier, M. Drouhet avait laissé le journal tranquille. M. Drouhet nous a avoué que, — dégagé de la part des tribunaux qui accomplissaient le devoir pénible de lui donner tort quand il avait tort, de lui constituer cette sorte de casier judiciaire dont l'explication se trouve dans nos articles puisque, après avoir écrit le mot, nous publions toutes les décisions — M. Drouhet nous a avoué qu'il s'est battu en duel.

(1) Le 11 septembre dernier, M Drouhet s'est enfin décidé à purger son appel et la Cour de la Réunion a rendu un arrêt par lequel elle déclare son action « irrévocablement éteinte » Donc le jugement de 1873 qui n'était pas définitif au moment du procès de M Pierre Alype, argument qui a été alors très habilement exploité par l'avocat général pour faire condamner le député, ce jugement est aujourd'hui définitif d'après l'arrêt que vient de rendre la Cour de la Réunion

Oui, mais on avait mis les adversaires à une distance de 80 pas, au pistolet. (Rires prolongés ) Tant mieux pour lui, il n'y a pas eu de malheur, il n'y a pas eu de sang verse, et si M. Drouhet produit cet argument comme une preuve qui doive témoigner en faveur de son courage, je le trouve assez mal inspiré (Nouvelle explosion de rires.)

— Mais le journal *le Commerce* n'est pas le journal de M. de Mahy et de M. Laserve, dites-vous. —

Messieurs, si j'avais la collection du journal *le Commerce*, j'établirais devant mon adversaire que c'était le journal de M. Laserve, de son vivant, et de M. de Mahy qui heureusement vit encore Je ne dis pas qu'ils en étaient les propriétaires, mais ils en étaient les Benjamins; en politique, ils étaient les protégés du journal . tous les numéros sans exception établissent cette vérité. Voici des articles que l'on me montre qui sont signés de M Laserve et qui indiquent par conséquent que M Laserve écrivait dans le journal, comme M. de Mahy y écrit encore. Voilà ce que j'ai dit, je le répète. Ce journal peut ne pas appartenir à M de Mahy mais il en est le protégé, le correspondant, le Benjamin politique, absolument comme on dit de tel journal : c'est le journal de tel député, de tel senateur. Est-ce que vous croyez que, je suppose, M. Jenty, par exemple, etait le propriétaire du *Petit-Journal*? Non, il en avait quelques actions seulement Est-ce que quand on dit que *le Siecle* est le journal de l'honorable Président de la Chambre des députés, cela veut dire qu'il en est le propriétaire? Mais je crois qu'il ne possede pas même une action car c'est un homme d'une haute probite, un caractere loyal, intègre, etranger à toute affaire financière de quelque nature qu'elle soit Cela n'empêche pas de dire que *le Siecle* est le journal du Président de la Chambre, parce qu'on sait qu'il soutient ses intérêts et ses principes.

Voilà dans quel sens le journal *le Commerce* était le journal de M Laserve et de M de Mahy.

Il a été dur, ce journal, pour M. Drouhet, il l'a traité durement M. de Mahy a cherche depuis à réparer ses anciennes attaques. Vous avez apprecie, messieurs, son attitude à cet égard, et vous avez vu dans quel trouble il se trouvait hier a cette barre quand

je l'ai prié de me dire les motifs qui l'avaient ramené auprès de M Drouhet, apres les injures qu'il avait prononcées contre lui à la date que j'ai indiquée (Sensation prolongée )

Quant au *Moniteur*, je n'ai rien à ajouter. Seulement ce qu'il ne faut pas oublier c'est que la théorie et les procédés de mon adversaire ne sont ni juridiques ni conformes aux principes. Il vous a dit de ne point vous préoccuper de toutes ces choses. Vous avez, au contraire, à voir les articles dans leur ensemble, s'ils ont été loyalement écrits, si les citations sans aucune exception ont été exactes Vous connaissez votre devoir parce que vous n'avez pas ici en face de vous un particulier, vous avez un fonctionnaire contre lequel la preuve peut être faite. J'ai fait la preuve de la sincérité de mes allégations; j'ai fait plus, j'ai fait la preuve de l'exactitude des faits constatés par la chose jugée ; et ce qu'ambitionne à l'heure qu'il est M Drouhet c'est de faire réformer le jugement par vous, alors que la Cour de cassation l'invite à aller devant la Cour d'appel de la Réunion Il s'en est bien gardé parce qu'il savait ce qui l'attendait (1).

En verité, je crains d'avoir abusé de votre attention, mais je vous demande un acte de loyale et ferme justice, je vous le demande non pas avec priere, mais avec la conviction la plus sincere et la plus énergique, que le verdict que vous rendrez sera un hommage à la vérité Cet hommage à la vérité, vous le rendrez, j en suis profondément convaincu, et je l'attends avec confiance (Applaudissements prolongés )

M<sup>e</sup> Allou — Je voulais simplement dire que le texte qu'a cité mon adversaire ne s'applique pas à ce qu'il entend Je fais appel à M l'avocat general, à son autorité Il s'agit de faits, comme le dit le Code d'instruction criminelle qui ne sont pas qualifiés.

M<sup>e</sup> Gatineau — L'arrêt de la Cour de cassation qui est conforme au texte dit : « Renvoie, mais seulement au point de vue des intérêts de la partie civile »

C'est parfaitement clair et net, et toutes les protestations juridiques, ou non, n'auront pas pour conséquence de détruire le principe du droit

---

(1) En effet, le 11 septembre dernier, la Cour de la Réunion a declaré que l'action de M Drouhet etait *irrevocablement eteinte*

# TABLE DES MATIÈRES